Rathjen · Hoya Utah Phina

Friedhelm Rathjen

Hoya Utah Phina

Fünf Studien zu Arno Schmidt und seinen heimlichen Ausflügen in pazifische Gefilde

2020

Die hier versammelten Studien wurden folgenden Bänden entnommen:

Friedhelm Rathjen: *Westwärts. Arno Schmidt und die amerikanische Literatur* (Edition ReJoyce, Bd. 15/16)

Friedhelm Rathjen: *Textarbeit, Textvergnügen. Einzeltextstudien zu Arno Schmidt* (Edition ReJoyce, Bd. 24)

Friedhelm Rathjen: *Bargfeld Transfer. Studien zu Arno Schmidt als Übersetzer und Transformator* (Edition ReJoyce, Bd. 30)

Friedhelm Rathjen: *Texttrips. Unterwegs mit Arno Schmidt* (Edition ReJoyce, Bd. 68)

rejoyce pocket
rjp 8

Bibliografische Information der Deutschen Bibliothek:

Die Deutsche Bibliothek verzeichnet diese Publikation in der Deutschen Nationalbibliografie; detaillierte bibliografische Daten sind im Internet über <http://dnb.ddb.de> abrufbar.

EDITION ReJOYCE Südwesthörn 2020
rejoyce@gmx.de
Satz, Titelfoto und Umschlaggestaltung: Friedhelm Rathjen
Herstellung: Books on Demand GmbH, Norderstedt
ISBN 978-3-947261-19-2

Inhalt

Zwischen Hoya und Utah
Arno Schmidts Liaison mit Heinrich Albert Oppermann

Arno Schmidts Werk gehört – daran zweifeln unter denen, die sich die Mühe machten, ihn zu lesen, immer weniger Sachverständige – zur Weltliteratur, doch das heißt nicht, daß dieses Werk keine Bindungen hätte an einen eher provinziellen geographischen Raum. Dieser Raum, von Schmidt selbst gern als die ihm „gemäße Landschaft“ apostrophiert, ist seine Wahlheimat: die norddeutsche Flachlandschaft. Geboren und aufgewachsen ist er allerdings anderswo: in der Großstadt Hamburg (wenn auch an deren damaligem Rande, im Stadtteil Hamm) kam er am 18. Januar 1914 zur Welt; hier lebte er, bis 1928 der Vater, ein Polizei-Oberwachtmeister, starb; danach zogen Arno und Schwester Lucie mit der Mutter in deren schlesische Heimat. Bis zum Zweiten Weltkrieg wohnte Arno Schmidt in Lauban und Greiffenberg; den Krieg verbrachte er hauptsächlich in Norwegen.

Der erste längere Aufenthalt in der ‚ihm gemäßen Landschaft‘, in Niedersachsen, ergab sich durchaus unfreiwillig aus den Launen des Kriegsendes: aus der englischen Gefangenschaft, zuletzt im Lager Munster, wurde Schmidt Ende 1945 nach Cordingen bei Bomlitz im Kreis Fallingbostel entlassen. Und nur fünf Jahre verbrachten er und seine Frau Alice hier: zur Jahreswende 1950/51 zog das Ehepaar im Zuge offizieller Flüchtlingsumsiedlungen – allerdings auf eigenen Wunsch – in südlichere Landschaften um, zuerst nach Gau-Bickelheim in Rheinhessen, ein Jahr später nach Kastel an der Saar, 1955 dann nach Darmstadt. Von Darmstadt aus betriebene Versuche, wieder nach Norddeutschland zu kommen, fruchteten erst 1958; in den letzten Wochen jenes Jahres bezog Schmidt jenes Holzhäuschen am Ortsrand von Bargfeld bei Celle, das er bis zu seinem Tode am 3. Juni 1979 bewohnen sollte.

Überblickt man diese Aufeinanderfolge der Schmidtschen Wohnorte und hält die Schauplätze seiner Werke daneben, so wird man feststellen, daß die norddeutschen Schauplätze erst von dem Augenblick an seine Texte bestimmen, in dem Schmidt selbst diesen Schauplatz verläßt. Die Topographie Niedersachsens, besonders der Gegenden rund um Walsrode, bestimmt das, was Schmidt in Rheinhessen und an der Saar schreibt, und das gilt nicht nur für sein großes erzählerisches Werk, sondern auch für seine Zeitungsprosa und nicht zuletzt für die Funkessays, die Schmidt auf Veranlassung Alfred Anderschs für dessen Radio-Nachtprogramm im Süddeutschen Rundfunk schreibt. Zumal die vergessenen oder verkannten Autoren vergangener Jahrhunderte, die Schmidt mit diesen Essays ans Licht der Welt zurückzuholen und aufzuwerten versucht, sind in der Regel solche, in deren Biographie er Parallelen zu seiner eigenen erkennt, und eine vorzügliche Möglichkeit, solche Parallelen herauszustreichen, ist eben die Bindung an die so sehr geschätzten Lebensräume in norddeutschen Gefilden.

Ein schönes Beispiel dafür ist Schmidts Beschäftigung mit Samuel Christian Pape, dem „Letzten des Hainbundes“, wie Schmidt ihn nennt. Fast von Anfang seiner Funkessay-Produktion an versucht Schmidt, dem Redakteur Andersch Pape als Thema schmackhaft zu machen; mit Brief vom 25. Oktober 1954 bringt er Pape erstmals ins Gespräch und begründet, Anderschs Skepsis wohl voraussehend, sein Interesse damit, er selbst hänge „zumal an dem geographischen Lebensraum Papes.“[1]

---

[1] Arno Schmidt, *Der Briefwechsel mit Alfred Andersch. Mit einigen Briefen von und an Gisela Andersch, Hans Magnus Enzensberger,*

Andersch überzeugt dieses Argument allerdings keineswegs, und so wird Pape in der Korrespondenz ein Dauerthema: Schmidt geht immer wieder mit dem „Letzten des Hainbundes“ hausieren, schreibt sogar im November 1955 auf eigene Faust und eigenes Risiko eine erste Fassung seines Pape-Funkessays; Andersch hingegen versteht gar nicht, was Schmidt an dem vergessenen Pastor und Freizeitdichter findet; erst im April 1958 kommt es – Schmidt hatte sein Drängen und Klagen nicht aufgegeben – zur Sendung des Essays. Wenn wir den Essay (oder gar Papes Werke) heute lesen, können wir Anderschs Bedenken nur zu gut verstehen, denn einen großen Dichter konnte auch Schmidt aus Pape nicht machen; wohl wird bei der Lektüre aber auch deutlich, daß Schmidt eine Wesensverwandtschaft zwischen Pape und sich selbst erspürte, eine Wesensverwandtschaft, die eben vom gemeinsamen Lebensraum ausgeht. Pape hatte seine Jugendjahre in Visselhövede verbracht, wenige Kilometer von Schmidts erstem niedersächsischen Wohnsitz in Cordingen entfernt, und Schmidts Parallelisierung ging so weit, daß er später sogar versuchte, sich eine ähnliche Wohnsituation zu verschaffen, wie sie Pape in seiner Hauslehrerzeit erfahren hatte: Pape hatte diese Zeit in Grasberg bei Lilienthal vor den Toren Bremens verbracht, einem Kleinstort, der damals nur aus Kirche, Pfarrer- und Küsterhaus bestand; ein ebensolches Ensemble von drei kirchlichen Gebäuden ist heute Sankt Jürgen, ebenfalls bei Lilienthal, wo Schmidt 1957 allen Ernstes das Küsterhaus anzumieten versuchte.[2]

Helmut Heißenbüttel und Alice Schmidt, hg. v. Bernd Rauschenbach (Zürich: Haffmans 1985), S. 35 (Brief Nr. 30 v. 25.10.54).

2 Vgl. Friedhelm Rathjen, „Schmidt als Küster an St. Jürgen!“, in *Bargfelder Bote*, Lfg. 132-133 / Januar 1989, S. 3-22, Nachdruck in Friedhelm Rathjen, *Die Kunst des Lebens. Biographische Nachforschungen zu Arno Schmidt & Consorten* (Scheeßel: Edition

Die Vermutung liegt nahe, daß Schmidts Funkessay über Heinrich Albert Oppermann sich ebenfalls aus solchem vor allem lokalgeographischen Interesse und daraus entwickelten persönlichen Parallelen speist: ist doch auch Oppermann ein Schriftsteller der niedersächsischen Provinz und zudem ähnlich Pape einer, dessen objektive literaturgeschichtliche Bedeutung nicht im entferntesten jene Höhen zu erreichen scheint, die ihm von Schmidts subjektiver Urteilskraft zugebilligt wird. Für eine solche These läßt sich aber im Funkessay selbst kein Belegmaterial finden. Arno Schmidt pflegte in seinen Funkdialogen gemeinhin sehr viel Gewicht auf die Biographie der behandelten Autoren zu legen, und diese Biographie war es dann in aller Regel auch, in der er Parallelen zur eigenen Person auffand bzw. in die er solche hineinlas; in Schmidts Oppermann-Essay ist aber von der Biographie des *Hundert-Jahre*-Autors vergleichsweise wenig die Rede (einmal abgesehen davon, daß Schmidt suggeriert, die Biographie Oppermanns sei mit der der Romanfigur Bruno Baumann ziemlich identisch). Nennenswerte Versuche Schmidts, in gewohnter Manier sich selbst hinter die Biographie des behandelten Autors zu blenden, gibt es schon gar nicht – schüchterne Versuche in dieser Richtung sind allerhöchstens in Schmidts doch recht unaufdringlich angebrachten Hinweisen zu sehen, Oppermann sei seiner niederen Herkunft wegen („beste plebeji-

---

ReJoyce 2007), S. 9-28; zu Schmidts Stilisierung einer Verwandtschaft mit Pape außerdem Friedhelm Rathjen, „‚Die Notwendigkeit eines Tandems‘. Arno Schmidt in der Heidmark“, in Martin Lowsky (Hg.), *Zettelkasten 11. Aufsätze und Arbeiten zum Werk Arno Schmidts. Jahrbuch der Gesellschaft der Arno-Schmidt-Leser 1992* (Frankfurt a.M.: Bangert & Metzler 1992), S. 249-271, hier S. 268-270.

sche Kraft, mein Lieber!"[3]) der seinen Fähigkeiten entsprechenden Karrierechancen beraubt worden. (Schmidt selbst litt unter ähnlichen gesellschaftlichen Zurücksetzungen, rühmte sich aber andererseits auch gerne seiner robusten Proletarier-Konstitution.) Verglichen mit dem Maße, in dem Schmidt sich in anderen Funkessays mit den Lebensumständen und Charakterzügen der von ihm behandelten Autoren identifizierte, ist im Oppermann-Essay das Fehlen einer solchen identifikatorischen Folie schon fast auffallend.

Hinzu kommt, daß auch Oppermanns spezieller Lebensraum – die Weserlandschaft von Nienburg bis Hoya – über den allgemeinen Komplex des niedersächsischen Flachlands hinaus keine erkennbaren Verbindungen zu Schmidt herstellt. Übertragen wir die Topographie von Schmidts Werk und seinem Leben auf eine Landkarte von Norddeutschland, so sind fast alle Räume besetzt: die Ostheide mit dem Wohnort Bargfeld und vielen der Texte, die Schmidt hier schrieb; Hannover und Ahlden mit dem *Steinernen Herzen*; der Raum zwischen Verden, Walsrode, Soltau und Rotenburg mit der Trilogie *Nobodaddy's Kinder*; die Wesermarsch mit dem (nie realisierten) Romanprojekt *Lilienthal*; der nördliche Teil des Elbe-Weser-Dreiecks mit zahlreichen Erwähnungen besonders in den Stürenburg-Geschichten; das Emsland ebenfalls mit verstreuten Erwähnungen; die Gegend um den Dümmer und Diepholz mit der „Seelandschaft mit Pocahontas"; Bückeburg und das Steinhuder Meer mit dem Romanfragment *Julia*. Zwischen den solchermaßen abgedeckten Räumen bleibt eine unbesetzte Lücke, und die schließt ausgerechnet den Bereich Hoya / Nienburg ein.

---

3 Arno Schmidt, „Hundert Jahre (Einem Manne zum Gedenken)", in Bargfelder Ausgabe, Bd. II/2 (Zürich: Haffmans 1990), S. 143-193, hier S. 191.

Nun könnte man notfalls argumentieren, Schmidts Beschäftigung mit Oppermann sei gerade der Versuch, auch diesen Raum zu besetzen – einige Begleitumstände der Schmidtschen Versuche, von Darmstadt aus nach Norddeutschland zu ziehen, legen freilich das genaue Gegenteil nahe: als Schmidt im Februar 1958 per Zeitungsanzeige eine Wohnung in Norddeutschland suchte, gab er seine Anzeige auf in Zeitungen in Wittingen (Ostheide), Gifhorn, Rotenburg, Zeven, Bremervörde, Osterholz-Scharmbeck, Verden, Diepholz und dem Emsland; das ‚Oppermann-Land' bleibt wiederum ausgespart. Mit anderen Worten: Schmidt scheint entgegen dem, was zu vermuten stand, nicht nur keine besondere Wesensverwandtschaft mit Oppermann, sondern auch keinerlei Inklination zu dessen Lebens- und Wirkungsstätten im engeren Sinne verspürt zu haben.

Der Hebel, den Schmidt ansetzt, um Oppermann auf den Sockel literaturgeschichtlicher Bedeutung zu hieven, ist seine Definition des „Politischen Romans", mit der der Oppermann-Essay beginnt; es ist dies eine Definition, die (darauf hat Heiko Postma zu recht hingewiesen) „eher kurios" ist und auch „allzusehr für die ‚Hundert Jahre' passend gemacht"[4]; und mehr noch: es ist eine Definition, die sich mit Arno Schmidts eigenem Werk weder trifft noch verträgt. Schmidt hat eigens für Oppermann eine Roman-„Theorie" zurechtgemacht, die aus seinem eigenen Werk nicht folgt und für dieses auch keinerlei Folgen hat; einziger Sinn und Zweck dieser „Theorie" des „Politischen Romans" scheint es zu sein, Kriterien aus dem Hut zaubern zu können, nach denen Oppermann zu belobigen

---

[4] Heiko Postma, „Heinrich Albert Oppermann. Portrait eines Niedersachsen", in Heinrich Albert Oppermann, *Hundert Jahre 1770-1870. Zeit- und Lebensbilder aus drei Generationen* (Frankfurt a.M.: Zweitausendeins 1982), Anhang, S. 3-116, hier S. 93.

ist. Schmidt scheint es also auch nicht – wie in manchen anderen Fällen – darum gegangen zu sein, ein fremdes Werk dergestalt umzuinterpretieren, daß es das eigene in seiner Zielrichtung unterstützen könnte.

Heiko Postma hat in seinem Nachwort zur Neuausgabe von Oppermanns Großroman darauf hingewiesen, daß Schmidt in seinem Funkessay ein paar sachliche Fehler unterlaufen[5]; solche ‚Fehler' sind in anderen Funkessays Schmidts oft mehr oder weder willentliche ‚Frisierungen', die eben darauf abzielen, der Anschließbarkeit des behandelten Werks oder Autors an die eigenen Schaffensprinzipien nachzuhelfen. Auch hiervon kann im Falle des Oppermann-Essays aber keine Rede sein; die Fehler, die Postma ausmacht, scheinen keineswegs einem bestimmten Zweck zu dienen, sondern sind offenkundig unwillentlich unterlaufen. Dies führt uns zu der Frage, wie gut und wie lange schon Schmidt Oppermanns Werk denn wohl gekannt habe, als er seinen Funkessay darüber schrieb. Schmidt gibt auf diese Frage eine Renommierantwort, wie sie von ihm zu erwarten war, nämlich im Typoskript des Essays (allerdings hat er den entsprechenden Passus handschriftlich wieder gestrichen, so daß er im Essay weder gesendet noch gedruckt erschien):

> ich wollte [...] Ihnen empfehlen: grundsätzlich nur über Bücher zu referieren, die Sie 10 bis 30 Jahre kennen; es gibt nichts Verächtlicheres in der Literatur, als unsere Schnellrezensenten! – Und also habe ich mich auch mit den ‹Hundert Jahren› und ihrem Verfasser seit langem beschäftigt.[6]

---

5 Vgl. ebd., S. 94 f.

6 Mitgeteilt im Anhang zu Arno Schmidt, Bargfelder Ausgabe, Bd. II/2 (Zürich: Haffmans 1990), S. 484 f. Vgl. zu dieser Textpassage inzwischen auch Robert Eugen Formanek, „Neues zu Arno Schmidt – Heinrich Albert Oppermann. Eine verworfene Einleitung zum

„10 bis 30 Jahre“ – dies ist die Meßlatte, die Schmidts alter ego der notwendigen Textkenntnis anlegt; es gibt freilich allen Grund zu der Annahme, daß Schmidt selbst diese Bedingung ganz und gar nicht erfüllt, und die Indizien dafür finden sich vor allem in Schmidts Briefwechsel und in dem Verzeichnis seines Bibliotheksbestandes.

Zunächst einmal: es war Schmidts Sache bekanntlich nicht, seine Lektüren zu verschweigen; name-dropping wurde von ihm habituell und exzessiv betrieben. Um so erstaunlicher erscheint es, daß der Name Oppermann in Schmidts Texten vor 1959 überhaupt nicht erscheint. Dieter Kuhn hat in seinem Handbuch zu *Aus dem Leben eines Fauns* zwar ein paar mögliche Parallelstellen bei Oppermann verzeichnet[7], das sind aber alles vagste Querhinweise, die als Argumentationshilfe untauglich sind.[8] In *Das steinerne Herz* dann erscheint eine Figur namens

---

Funkdialog ‚Hundert Jahre (*Einem Manne zum Gedenken*)‘ nebst einigen Erläuterungen“, in Christoph Suin de Boutemard (Hg.), *Heinrich Albert Oppermann. Zivilgesellschaftliches Handeln in historischer und aktueller Perspektive*, Oppermann-Studien 1 (St. Ingbert: Röhrig 2007), S. 13-60.

7 Vgl. Dieter Kuhn, *Erläuterndes Handbuch zu Arno Schmidts Roman „Aus dem Leben eines Fauns“* (München: edition text + kritik 1986), S. 9, 121, 164.

8 H. Joachim Kusserow macht mich darüber hinaus darauf aufmerksam, daß in einer 1955 entstandenen Kurzgeschichte Schmidts einmal Nienburg erwähnt wird; vgl. Arno Schmidt, „Schwarze Haare“, in Bargfelder Ausgabe, Bd. I/4 (Zürich: Haffmans 1988), S. 23-26, hier S. 25: „als am nächsten Tage der zuständige französische Gendarmerieleutnant Tourtelot von Nienburg eintraf“. Zudem kreist jene Erzählung um das Motiv der von Banditen versetzten Wegmarkierungen, das Schmidt später auch in seinem Oppermann-Funkessay aufgreifen sollte, wobei er suggerierte, es komme in Oppermanns Buch vor – was allerdings, darauf wies bereits Heiko Postma in seinem Nachwort zur Neuausgabe der *Hundert Jahre* hin, keineswegs der Fall ist.

Eisendecher[9], und das läßt schon eher aufhorchen, denn auch in Oppermanns Werk wird einmal ein Dr. von Eisendecher erwähnt[10]; nun erklärt allerdings Schmidt selbst in seinem Aufsatz „Ach, wie gut, daß Niemand weiß ...!“, die Namen für das *Steinerne Herz* habe er hauptsächlich aus einem Hannoverschen Staatshandbuch, und das gilt namentlich für „Thumann, W. Eggers, Weber, Knocke, Eisendecher, Hoppenstedt“[11]. Oppermann glänzt durch völlige Abwesenheit, und das auch innerhalb der Liste von Funkessay-Vorhaben, die Schmidt im 1956 entstandenen Text „Goethe und Einer seiner Bewunderer“ gibt.[12]

Ziehen wir das Verzeichnis der Schmidtschen Bibliothek zu Rate, so wird klar, woher die Abwesenheit vor 1959 rührt: Schmidt besaß Oppermanns Roman noch gar nicht, und womöglich wußte er auch nichts (oder jedenfalls wenig) vom Autor. In Schmidts Nachlaß finden sich lediglich zwei Werke von Oppermann: zum einen ein Teilband von *Zur Geschichte des Königreichs Hannover von 1832 bis 1860*, der erst 1960 in Schmidts Besitz gelangte[13]; zum anderen eben der Roman *Hundert Jahre*.

---

[9] Arno Schmidt, *Das steinerne Herz. Historischer Roman aus dem Jahre 1954 nach Christi*, in Bargfelder Ausgabe, Bd. I/2 (Zürich: Haffmans 1986), S. 7-163, hier S. 83, 94-98.

[10] Heinrich Albert Oppermann, *Hundert Jahre 1770-1870. Zeit- und Lebensbilder aus drei Generationen* (Frankfurt a.M.: Zweitausendeins 1982), achtes Buch, S. 289.

[11] Arno Schmidt, „Ach, wie gut, daß niemand weiß ...!“, in Bargfelder Ausgabe, Bd. III/4 (Zürich: Haffmans 1995), S. 340-346, hier S. 344 f.

[12] Vgl. Arno Schmidt, „Goethe und Einer seiner Bewunderer“, in Bargfelder Ausgabe, Bd. I/2, a.a.O., S. 189-220, hier S. 202: „Künftige [Nachtprogramme]: V., M., S., T., M., Z., L., K., H.: getarnt; es gibt zu viel Schnellfingrige; vorsichtshalber“.

[13] Vgl. Dieter Gätjens, *Die Bibliothek Arno Schmidts. Ein kommentiertes Verzeichnis seiner Bücher* (Zürich: Haffmans 1991), neue

Auf dem Vorsatz des ersten Bandes ist der Erwerb datiert: „Arno Schmidt 15.VI.1958“[14]. Mit diesem Datum erst beginnt Schmidts Beschäftigung mit Oppermann, die dann freilich um so schneller zu Taten führt.

Bereits ein Vierteljahr nach dem Erwerb des Riesenromans, am 20. September 1958, schreibt Schmidt an Alfred Andersch über seine Funkessay-Pläne: „Ich mache in den nächsten Monaten, bis Jahresende, wenn möglich 4 Stück, die allmählich reif zur Niederschrift geworden sind: VERNE / OPPERMANN / CRAMER / TIECK.“[15] Am 1. Oktober gibt eine Reise nach Norddeutschland in Zusammenhang mit dem bevorstehenden Umzug nach Bargfeld die Möglichkeit zu Recherchen; Schmidt notiert in seinem Tagebuch: „14^{50} in Hannover im Archiv: Oppermann + Hoya (wenig Information)“[16]. Am 26. Oktober besucht Andersch Schmidt in Darmstadt und verabredet vier Nachtprogramm-Sendungen, nämlich über Verne, Wezel, Oppermann und Heinse.[17] Zunächst ist allerdings der Umzug zu erledigen; schon aus Bargfeld schreibt Schmidt am 10. Dezember einen Brief an Helmut Heißenbüttel, Anderschs Assistenten und Nachfolger

---

Ausgabe, durchgesehen und erweitert von Günter Jürgensmeier (Bargfeld: Arno Schmidt Stiftung 2003 / im Internet: www.arno-schmidt-stiftung.de/Archiv/Bibliotheksverzeichnis.html), Nr. 891. – Es handelt sich lediglich um eine Teillieferung des ersten Bandes, die mit der Seite 96 abbricht.

14 Ebd., Nr. 277.

15 Schmidt, *Der Briefwechsel mit Alfred Andersch*, a.a.O., S. 189 (Brief Nr. 199 v. 20.9.58).

16 Tagebuchnotiz, mitgeteilt in Arno Schmidt, *Der Briefwechsel mit Eberhard Schlotter. Mit einigen Briefen von und an Alice Schmidt und Dorothea Schlotter*, hg. v. Bernd Rauschenbach (Zürich: Haffmans 1991), S. 87 (Anmerkung zu Brief Nr. 34, Schlotter an Schmidt, August 1958).

17 Vgl. Schmidt, *Der Briefwechsel mit Alfred Andersch*, a.a.O., S. 193 (Brief Nr. 204, Andersch an Schmidt, 27.10.58).

beim SDR, in dem er das inzwischen sehr konkrete Oppermann-Projekt detailliert vorstellt:

> Meine Arbeiten sind durch all den Wirrwarr natürlich unmäßig gestört worden; dennoch werde ich versuchen, Ihnen zum 15. Januar 59 das erste Stück zu liefern. Es wird allerdings nicht der Jules Verne sein – der kommt später – sondern heißt:
>
> HUNDERT JAHRE
> Einem Manne zum Gedenken.
>
> (Sie sehen: ich befolge, dem einmal eingeschlagenen Prinzip (der DYA) getreu, wiederum meinen alten Grundsatz
>
> ES IST NICHTS SO UNBEKANNT, DASS ES NICHT DURCH HINZUFÜGEN EINES ZWEITEN UNBEKANNTEN NOCH UNBEKANNTER WÜRDE!
>
> Und, siehe da!: Er ist wirklich unbekannt, der Heinrich Albert Oppermann, mit seinem Mammutroman der ›Hundert Jahre‹; dem, meines Wissens, einzigen politischen Roman der Deutschen. Ich glaube, daß es sich hier um einen echten ›Fund‹ handelt; die Anlage des riesigen, neunbändigen, Stückes ist schlechterdings großartig; die Gesinnung bester 1848er Jahrgang, eine ›Eiserne Lerche‹ 1. Größenklasse. Der Grund seiner absoluten Vergessenheit – oder präziser: seines Nie=Beachtetwordenseins – hat, wie es sein muß, diverse Wurzeln: a) es erfordert ein intensivstes Studium; denn es ist voller ›Privataltertümer‹ und schrillst=aktuellster Historie / b) es erschien ausgerechnet im Sommer 1870 (und 8 Tage später schickte das Deutsche Reich sich an, eins zu werden – da gingen die Berichte vom Kriegsschauplatze vor. / c)

> .....aber ich werde den Teufel tun, und Ihnen hier jetzt schon alles erzählen!). –[18]

Man sieht, daß Schmidt sogleich wieder ins Renommieren verfällt: die Zeit zu diesem „intensivsten Studium“, das er als Vorbedingung nennt, hat er selbst sich gar nicht gelassen; vielmehr ist sein Bestreben, über Oppermann zu schreiben, nachgerade ein Schnellschuß in Reaktion auf den „echten ›Fund‹“, den er da (wie es scheint: gänzlich unverhofft) gemacht hat.

Nachdem die Umzugsarbeiten erledigt sind, setzt sich Arno Schmidt am 22. Dezember an seine erste Schreibarbeit in Bargfeld: eben den Oppermann-Essay.[19] Bereits eine Woche später meldet Schmidt: „da ist vorhin der ›Erste Entwurf‹ fertig geworden.“[20] Wiederum neun Tage später meldet Schmidt an Heißenbüttel: „Anbei die ›HUNDERT JAHRE‹ – das Stück ist recht umfangreich geraten, was aber nicht zu ändern stand“[21]. In rasanter Geschwindigkeit hat Schmidt den Oppermann-Komplex erledigt (wobei die Geschwindigkeit natürlich nicht untypisch ist: zwei Wochen nach Ablieferung des Oppermann-Essays schickt Schmidt Heißenbüttel schon die nächste Arbeit, nämlich das „Belphegor“-Nachtprogramm[22]).

Es mag angesichts der höchsten Töne, die Schmidt bei seinem Lob von Oppermanns *Hundert Jahren* anschlägt, seltsam sein, aber fast so rasch und abrupt, wie Oppermann bei Schmidt aufgetaucht ist, verschwindet er auch wieder. Oppermann gehört gerade nicht zu jenen Autoren,

---

[18] Ebd., S. 198 (Brief Nr. 208, Schmidt an Heißenbüttel, 10.12.58).

[19] Vgl. Schmidt, *Der Briefwechsel mit Eberhard Schlotter*, a.a.O., S. 100 (Anmerkung zu Brief Nr. 44 v. 22.12.56).

[20] Schmidt, *Der Briefwechsel mit Alfred Andersch*, a.a.O., S. 200 (Brief Nr. 210 v. 29.12.58).

[21] Ebd., S. 201 (Brief Nr. 211, Schmidt an Heißenbüttel, 7.1.59).

[22] Vgl. ebd., S. 202 (Brief Nr. 213, Schmidt an Heißenbüttel, 21.1.59).

die sich über lange Jahrzehnte durch Schmidts Werk ziehen und immer wieder Erwähnung finden; in den Großromanen des Schmidtschen Spätwerks beispielsweise, in denen nahezu der gesamte Schmidtsche Lektürekanon in der einen oder anderen Weise wieder auftaucht, wird Oppermann mit keinem Wort erwähnt.[23] So gibt es in den späten 50er und frühen 60er Jahren nur einige wenige und sehr verstreute Textstellen bei Schmidt, an denen Oppermann noch einmal – meist kurz und en passant – mitspielen darf. Eine Stelle aus dem achten Buch von Oppermanns Roman über den „Berliner Schwindel“ des nicht-massiven Brandenburger Tors, die Schmidt in seinem Essay zitiert[24], verwendet er variiert in seiner wenige Monate später entstandenen Erzählung „Trommler beim Zaren“[25]; 1961, als Schmidt einen Aufsatz über das *Buch Mormon* schreibt, wird Oppermann kurz erwähnt, und in der etwa gleichzeitig entstandenen Erzählung „Großer Kain“ spielt er eine untergründige

---

23 Ich stütze mich für diese Feststellung auf die einschlägigen Register zu Schmidts Werken von Dieter Stündel (*Zettel's Traum*), Leibl Rosenberg (*Die Schule der Atheisten*) und Thomas Krömmelbein / Klaus-E. von Unruh (*Julia*); eine entsprechende Nachschlagemöglichkeit für *Abend mit Goldrand* existiert leider noch nicht, so daß ich nicht gänzlich ausschließen kann, daß sich dort noch (was ich jedoch nicht erwarte) die eine oder andere Oppermann-Anspielung finden läßt – offen erwähnt zumindest wird Oppermann jedoch auch da nicht, wie sich aus einer Namenssuche in der elektronischen Fassung der Bargfelder Ausgabe ergibt.

24 Vgl. Schmidt, „Hundert Jahre“, a.a.O., S. 186.

25 Vgl. Arno Schmidt, „Trommler beim Zaren“, in Bargfelder Ausgabe, Bd. I/4, a.a.O., S. 129-134, hier S. 133 f.; einen Hinweis darauf, daß hier eine Oppermann-Stelle Verwendung findet, gibt bereits Peter Wesollek, „Anmerkungen über Schmidtsche Huldigungsformen unter besonderer Berücksichtigung der Geschichten ‚Aus der Inselstraße‘ und der ‚Stürenburg-Geschichten‘“, in „Bargfelder Bote“, Lfg. 55-56 / Oktober 1981, S. 23-26, hier S. 25. – Schmidts Erzählung entstand am 22. August 1959.

Rolle (dazu gleich noch mehr); in dem Aufsatz „Meine Bibliothek“ von 1964 reiht Schmidt Oppermann in eine Aufzählung von Schriftstellern ein, für die die *Insel Felsenburg* Schnabels das wichtige erste Lektüreerlebnis darstellte[26]; schließlich wird Oppermann erwartungsgemäß in Schmidts Anfang 1965 entstandenem Funkessay über Karl Gutzkow, der ja mit Oppermann in persönlichem Kontakt gestanden hatte, einmal kurz erwähnt – und das war's dann auch schon. Es scheint, daß Schmidts Liaison mit Oppermann wahrhaft kurz gewesen ist, und nachgerade verräterisch ist in dieser Hinsicht zumal die Art der Erwähnung im Gutzkow-Essay. Erinnern wir uns kurz, daß Gutzkow seinerseits im Oppermann-Funkessay schon kurz erwähnt wird, und zwar nicht zu seinem Vorteil; während Oppermann zum einzigen echten politischen Romancier in Deutschland hochstilisiert wird, darf Gutzkow die Negativfolie spielen: „Oppermann hat – wahrlich, soweit ich sehe, als Einziger! – das geleistet, was Gustav Freytag versprach=und=nicht=hielt; was Gutzkow zerfaselte“[27]. Sechs Jahre später dann hebt Schmidt Gutzkow auf den Schild, nennt ihn als Prosa-Baumeister sogar „noch geschickter=solider“ als Joyce[28] und setzt ihn dann auch ganz eindeutig über Oppermann, was das „Fänomen der Monstre=Romane“ angeht:

> Eine der ernster zu nehmenden Leistungen in dem Genre – weil von vornherein als Buch geplant, und

---

[26] Vgl. Arno Schmidt, „‹Meine Bibliothek›“, in Bargfelder Ausgabe, Bd. III/4, a.a.O., S. 361-368, hier S. 365. – Eine weitere vergleichbare Stelle findet sich in einem Anfang 1960 entstandenen Text Schmidts über Schnabel. Vgl. Arno Schmidt, Arno Schmidt, „Wunderliche Fata einiger Seefahrer“, in Bargfelder Ausgabe, Bd. III/4, a.a.O., S. 17-21, hier S. 18.

[27] Schmidt, „Hundert Jahre“, a.a.O., S. 190.

[28] Arno Schmidt, „Der Ritter vom Geist“, in: Bargfelder Ausgabe, Bd. II/3 (Zürich: Haffmans 1991), S. 169-200, hier S. 194.

> recht bedeutenden Inhalts – sind OPPERMANN's ‹Hundert Jahre›; in denen übrigens Gutzkow persönlich auftritt: die Bekanntschaft erwähne ich noch; das wird dann, wenn auch keine Freude, so doch eine rechte Überraschung setzen. Leider war Oppermann nicht Berufsschriftsteller; infolgedessen ihm etwas wirklich Gutes nicht gelingen *konnte*.[29]

Damit wäre Oppermann wohl endgültig wieder ins zweite Glied zurückgeschickt.

Um so dringlicher stellt sich die Frage, warum Schmidt denn wohl anfangs so erpicht darauf gewesen sein mag, Oppermann in den Himmel zu loben. Vielleicht hängt das wenigstens zum Teil doch mit Oppermanns norddeutscher Herkunft zusammen, wenn auch (wie bereits gezeigt) nicht unbedingt über direkte Schmidtsche Verwandtschaftsgefühle, sondern eher in Zusammenhang mit Oppermanns Instrumentalisierbarkeit. Die Beschäftigung mit Oppermann fällt mit Schmidts Umzug von Darmstadt nach Niedersachsen zusammen; im Falle Papes, Schmidts anderer norddeutscher Ausgrabung, läßt sich anhand des Briefwechsels zeigen, daß Schmidt zu dieser Zeit nach Möglichkeiten suchte, sich im norddeutschen Roman als Literaturfachmann zu etablieren und auf diese Weise

---

[29] Ebd., S. 190. – Schmidt kaufte sich seine Gutzkow-Bände erst in den Jahren 1963-65 zusammen (vgl. Gätjens / Jürgensmeier, *Die Bibliothek Arno Schmidts*, a.a.O., Nr. 200.1-9); dies könnte den Sinneswandel gegenüber 1958/59 erklären. – Aufschlußreich in diesem Zusammenhang ist womöglich, daß Schmidt Oppermann in seiner Rezension „Nachschlagewerk im Werden" vom April 1963 kurz erwähnt; im Februar 1969 schreibt er dann als eine Art Fortführung dieser Rezension den Text „Magnus Nascitur Ordo", in dem zwar Gutzkow, aber nicht mehr Oppermann erwähnt wird. Vgl. Arno Schmidt, „Nachschlagewerk im Werden", in Bargfelder Ausgabe, Bd. III/4, a.a.O., S. 265-270, hier S. 67; Arno Schmidt, „Magnus Nascitur Ordo", ebd., S. 439-443, hier S. 440 f.

nützliche Kontakte zu knüpfen, und solche Ambitionen könnte er auch mit dem Oppermann-Projekt verbunden haben. Interessant in diesem Zusammenhang ist, daß Schmidts Oppermann-Essay zwar beim Süddeutschen Rundfunk urausgestrahlt wurde, Schmidt aber in seinem Exemplar der *Hundert Jahre* vermerkte: „Unterlage zu npr., gesendet ndr Hannover“[30]. Das könnte zwar ein nachträgliches Versehen Schmidts sein, doch auch seinem Freund Wilhelm Michels, der keineswegs in Norddeutschland, sondern in Hessen wohnte, schreibt Schmidt am 20. Mai 1959 eigens: „Heut Abend sendet Hannover, UKW, den OPPERMANN“[31]. Kurz darauf schreibt er Michels dann sogar von seinen Bemühungen, sich „beim Sender Hannover endgültig als local=boy zu insinuieren“, und setzt hinzu: „der OPPERMANN mit seinen ›HUNDERT JAHREN‹ hat dort [im NDR] förmlich Sensation gemacht: sogar Bremen war mit angeschlossen!“[32] Insofern mußte Schmidt die Entdeckung Oppermanns im Sommer 1958 gerade recht kommen, um für die publizistische Begleitung seines Umzugs nach Norddeutschland ausgeschlachtet zu werden, zumal die Lektüre und Verarbeitung der *Hundert Jahre* Schmidt doch weniger Mühe abverlangte als manch anderes Projekt (außer dem Roman selbst mußte Schmidt nicht viel lesen: in seiner Bibliothek ist Sekundärliteratur zu Oppermann gar nicht vorhanden, und seine Kenntnisse über den Autor stützten sich neben dem schon erwähnten eher fruchtlosen kurzen Archivstudium in Hannover vermutlich nur auf die im Funkessay

---

30 Gätjens / Jürgensmeier, *Die Bibliothek Arno Schmidts*, a.a.O., Nr. 277. – Das Kürzel „npr“ steht für „Nachtprogramm“.

31 Arno Schmidt, *Der Briefwechsel mit Wilhelm Michels. Mit einigen Briefen von und an Elfriede Bokelmann, Erika Michels und Alice Schmidt*, hg. v. Bernd Rauschenbach (Zürich: Haffmans 1987), S. 118 (Brief Nr. 127 v. 20.5.59).

32 Ebd., S. 121 (Brief Nr. 133 v. 8.6.59).

einmal erwähnte Dissertation von Theo Sonnemann[33]). Wir dürfen allerdings davon ausgehen, daß die Freude, die Schmidt an Oppermanns offenherzigen politischen Ansichten und Sticheleien hatte und die er in dem bereits zitierten Brief an Helmut Heißenbüttel zum Ausdruck bringt, durchaus echt war. Mag die „Theorie" des „Historischen Romans", die Schmidt zu Beginn seines Oppermann-Essays entwickelt, auch wenig mit seinen eigentlichen literarischen Interessen und mithin mit den eigentlichen Gründen seines Interesses an Oppermann zu tun haben – viel Gefallen fand Schmidt gewiß an der widerspenstigen Haltung Oppermanns, die Schmidts eigenen Wunschprojektionen (und natürlich auch der Haltung vieler seiner Texte) sehr entgegenkam und deshalb den bekannten Schlußhymnus des Funkessays bestimmt:

> Heinrich Albert Oppermann zeigte, zeit seines Lebens, die – meiner Ansicht nach – für sämtliche existierenden Wesen einzig legitime Haltung gegenüber *jeder* ‹Höheren Instanz› .... *(grollend):* die, grundsätzlich, uns, den mit unzureichenden Organen von ihr ausgerüsteten, gegenüber, die *schuldige* ist! –
>
> r e d l i c h e n T r o t z !
>
> So starb er, ungebeugt, zu Nienburg, am 16. Februar 1870.[34]

Die letzte Frage, die zu klären ist, ist die, auf welchem Wege Schmidt überhaupt an Oppermann geraten sein mag. Nahe liegt zunächst die Vermutung, es könne einen

---

[33] Theo Sonnemann, *H. A. Oppermann und der hannoversche Liberalismus. Inaugural-Dissertation zur Erlangung der Doktorwürde* (Rostock 1922); von Schmidt erwähnt in „Hundert Jahre", a.a.O., S. 188.

[34] Schmidt, „Hundert Jahre", a.a.O., S. 192 f.

Zusammenhang mit Schmidts jahrzehntelanger Arbeit an seiner Fouqué-Biographie geben; viele von Schmidts Entdeckungen – Massenbach, Pape und in Teilen auch der *Lilienthal*-Komplex – haben sich ja entweder aus dieser Arbeit ergeben oder sind von Schmidt zumindest damit in Zusammenhang gebracht worden. Ein Konnex zwischen Fouqué und Oppermann ist aber nicht zu erkennen; Fouqué hat – genau wie Schmidt – den Raum um Nienburg und Hoya nicht kennengelernt, und im Register zu Schmidts Biographie *Fouqué und einige seiner Zeitgenossen* taucht Oppermann nicht auf. Wohl aber gibt es zwei Stellen in der Biographie, an denen Justus Erich Bollmann, halbwegs berühmter Sohn Hoyas und mit Oppermanns *Hundert Jahren* durchaus liiert, kurze Erwähnung findet[35]; an der ersten dieser beiden Stellen nennt Schmidt auch seine Quelle: Friedrich Kapps Buch *Justus Erich Bollmann. Ein Lebensbild aus zwei Welttheilen* von 1880, in dem viele Briefe Bollmanns abgedruckt sind. Dieses Buch findet sich nicht in Schmidts Bibliothek; er muß es aber benutzt haben, und der Zeitpunkt, zu dem er dies tat, läßt sich dadurch etwas eingrenzen, daß sich beide Bollmann-Stellen in der *Fouqué*-Biographie in jenen Zusätzen finden, die Schmidt für die zweite Auflage hinzufügte. Schmidt datierte das Vorwort zur ersten Auflage auf den 23. Februar 1958, das zur zweiten auf den 10. Oktober 1959: zwischen beiden Daten muß er Kapps Buch in die Hände bekommen haben, und da genau dies der Zeitraum ist, in dem Schmidt auch Oppermann entdeckte, liegt die Vermutung nahe, er sei über Kapp und Bollmann auf Oppermann aufmerksam geworden.

---

[35] Vgl. Arno Schmidt, *Fouqué und einige seiner Zeitgenossen. Biographischer Versuch*, Bargfelder Ausgabe, Bd. III/1 (Zürich: Haffmans 1993), S. 222 u. 234.

Dies erklärt allerdings noch nicht, was Schmidt an Oppermann interessiert haben mag; als ein Versuch, der Frage nach Schmidts ursprünglichem Interesse aufzuhelfen, sei im folgenden eine zunächst gewiß etwas abwegig klingende These aufgestellt: die nämlich, es sei Schmidt bei Oppermann erst einmal weniger um Hoya in Niedersachsen als um den Mormonenstaat in Utah gegangen. Diese These läßt sich nicht beweisen, wohl hingegen lassen sich Indizien versammeln, die zumindest belegen, daß Schmidts Interesse an den Mormonen durch Oppermann bekräftigt und in seiner Qualität nachhaltig verändert wurde.

Dieses Interesse Schmidts an den Mormonen und speziell an deren ‚Bibel', dem *Buch Mormon*, ist deutlich älter als das an Oppermann, wie sich wiederum in Themenvorschlägen für Funkessays zeigt, die Schmidt Andersch schickte. Am 8. November 1956 teilt Schmidt Andersch vier Themenvorschläge mit, und gleich als erster erscheint:

> ›*Das Buch Mormon*‹ – ich weiß nicht, ob Sie diese Bibel der Mormonen kennen, die Leute haben immerhin 2 Millionen Anhänger, ein literarischer Bluff größten Stils! Ich werde das Dings, das vor 130 Jahren zuerst erschien, (und weiter nichts als der biblisch=utopische Roman eines New-England-Reverends ist, zur Tarnung verziert mit dem Rankenwerk eines Analphabeten), ganz sachlich referierend erfassen, als eines der ›Heiligen Bücher der Menschheit‹ – und das ist in diesem Falle die bösartigste Methode, weil dabei der höhere Blödsinn geradezu brüllend wird. Die Sache ist außerdem vom religiösen Standpunkt aus völlig ungefährlich, weil die Mormonen bei Katholen wie

> Lutheranern als hassenswerteste Heiden und Götzendiener gelten.[36]

Schmidt will dieses Vorhaben sogar „am liebsten als Erstes in Angriff nehmen“[37], wozu es allerdings nicht kommt. Bemerkenswert an dem Briefzitat ist, daß Schmidt das *Buch Mormon* äußerst negativ beurteilt; das wird er später – nach der Oppermann-Lektüre – nicht mehr tun.

Ende Mai 1958 – knapp einen Monat, bevor die *Hundert Jahre* in seinen Besitz kommen – listet Schmidt (diesmal in einem Brief an Heißenbüttel) wieder seine Funkessay-Pläne auf: „Was das nächste – für 59 dann schon – sein dürfte, weiß ich noch nicht ganz genau; TIECK oder JULES VERNE oder DAS BUCH MORMON“[38]. Wenn wir diese Liste mit der nächsten, nämlich derjenigen vom 20. September – „VERNE / OPPERMANN / CRAMER / TIECK“[39] (über Cramer wird Schmidt nie schreiben) –, vergleichen, so stellen wir fest, daß Oppermann an die Stelle des *Buches Mormon* getreten ist, und das nicht von ungefähr: Schmidt suchte Material zum letzteren und fand den ersteren.

In seinem Funkessay „Hundert Jahre“ geht Schmidt auf die Mormonen-Passage im achten Buch von Oppermanns Roman (Schmidt verlegt sie freilich, wahrscheinlich versehentlich, in das neunte Buch) folgendermaßen ein:

> Nach Westen treckt Theodor Hellung, um im Auftrag der Central Pacific Railway Company die Trasse für die Bahn durchs Felsengebirge abzustecken: Lager-

---

[36] Schmidt, *Der Briefwechsel mit Alfred Andersch*, a.a.O., S. 96 (Brief Nr. 106 v. 8.11.56).
[37] Ebd., S. 99.
[38] Ebd., S. 175 (Brief Nr. 189, Schmidt an Heißenbüttel, 20.5.58).
[39] Ebd., S. 189 (Brief Nr. 199 v. 20.9.58).

> feuer, Indianer und Büffelheerden; die Geiser des Yellowstone; da schäumt der Platte=River; und endlich gelangt man auch in eines der merkwürdigsten Staatengebilde der Welt: nach ‹Deseret›. Oder, wie der bekanntere Name lautet: nach Salt Lake City, der Mormonenstadt. Da wird eingeblendet der große Treck Brigham Youngs nach Utah; wie Schlagintweit sehr richtig sagt: »einer der großartigsten, den die Weltgeschichte überhaupt kennt.« Löwenthor, Plurality und der ‹Tempel Moronis›.[40]

Das klingt schon sehr viel freundlicher als die Stelle im Brief an Andersch. Gleichwohl bleibt Schmidt bei seinem Vorhaben, auch über das *Buch Mormon* noch einen eigenen Funkessay zu schreiben; am 18. Januar 1959 (elf Tage, nachdem er den Oppermann-, und drei Tage, bevor er den „Belphegor"-Essay abliefert) bittet er Wilhelm Michels in dieser Sache („Sie wissen ja längst, daß ich nächstens das ›Buch Mormon‹ verarzten will"[41]) um Mithilfe bei der Materialbeschaffung. Dennoch dauert es noch etwa drei Jahre, bis der Essay (und zwar dann nicht für den Funk, sondern für die Presse) entsteht: im März 1962 wird der Artikel „Das Buch Mormon" in *konkret* gedruckt. (Zwar hatte Schmidt schon am 27. Mai 1958, also vor der Bekanntschaft mit Oppermann, tatsächlich die Niederschrift eines gleichnamigen Funkessays in Angriff genommen, aber noch am selben Tag wieder abgebrochen; das Fragment wurde erst lange nach Schmidts Tod veröffentlicht.) Der Ton dem behandelten Werk

---

40 Schmidt, „Hundert Jahre", a.a.O., S. 187. – Vgl. auch ebd., S. 167: „Der ‹Billy= Graham=Rummel› ist eine läppische Hanswurstiade. Das ‹Buch Mormon› dagegen weiß Oppermann sehr wohl zu würdigen."

41 Schmidt, *Der Briefwechsel mit Wilhelm Michels*, a.a.O., S. 102 (Brief Nr. 114 v. 18.1.59).

gegenüber ist in dem *konkret*-Aufsatz noch freundlicher als im Oppermann-Essay; von den Demontage-Ankündigungen im Brief an Andersch macht Schmidt nichts wahr – statt dessen stellt er dem Artikel ein Lobeswort von Schopenhauer voran: „Die Mormonen haben Recht!“[42] Woher das bei Schmidt überraschende Wohlwollen kommen könnte, gibt er auch gleich noch an: „Oppermann, in seinen ‹100 Jahren› (1870), hat wohlwollend über die Erscheinung referiert, (Hauptstelle Bd. VIII, Ss. 231-270)“[43]. Als solle die Wichtigkeit des Zusammenhangs noch zusätzlich demonstriert werden, befindet sich das einzige Lesezeichen, das bei Schmidts Tod in seiner Ausgabe der *Hundert Jahre* anzutreffen war, auf der Seite 231 von Band 8[44] –am Anfang des Kapitels „Jenseit der Felsengebirge“, das den Bericht aus „Neu=Jerusalem“ gleich Salt Lake City bringt.

Nun schreibt Arno Schmidt fast gleichzeitig mit dem Artikel „Das Buch Mormon“ die Erzählung „Großer Kain“; zwei Monate nach dem Mormonen-Artikel erscheint sie ebenfalls in *konkret*, und fast könnte man meinen, die Leser hätten mit dem Artikel auf die Erzählung vorbereitet werden sollen. An der Oberfläche haben beide allerdings nichts miteinander zu tun, und auch unter der Oberfläche der Erzählung liegen zunächst einmal ganz andere Dinge: so gibt es dort beispielsweise eine Folie aus Anspielungen auf James und Stanislaus Joyce zu entdecken.[45]

---

42 Arno Schmidt, „Das Buch Mormon“, in Bargfelder Ausgabe, Bd. III/4, a.a.O., S. 65-77, hier S. 65.

43 Ebd., S. 67.

44 Vgl. Gätjens/ Jürgensmeier, *Die Bibliothek Arno Schmidts*, a.a.O., Nr. 277.

45 Vgl. Friedhelm Rathjen, „Kain und Babel. Die Gebrüder Joyce in Arno Schmidts Erzählung ‚Großer Kain‘“, in *Bargfeld ➔ Dublin. Mit Arno Schmidt zurück zu James Joyce. Dialoge – Rezensionen –*

Allerdings beginnt die Erzählung mit einem Hinweis auf Schloß Berlepsch, und Ernst-Dieter Steinwender hat darauf aufmerksam gemacht, daß dieses der Schauplatz des 8. Kapitels im zweiten Buch von Oppermanns *Hundert Jahren* ist. Steinwenders vorschnelle Ansicht, „die Lektüre des Oppermann-Textes bringt nichts für die Deutung der zitierten Stelle“[46], ist von Axel Dunker überzeugend widerlegt worden, der eine Fülle geheimer Querverbindungen zwischen Oppermann und „Großer Kain“ auffindet und benennt, diese mit der Joyce-Folie verknüpft und auf das Thema der Transformationen hin interpretiert. In einem Stadium der Transformation, des Übergangs von einer Werkphase in eine andere, befand sich bei Niederschrift der Erzählung Arno Schmidt selbst; Dunker, für den „Oppermann und Joyce die entgegengesetzten Pole auf der Liste der ‚Ahnen‘ und bewunderten Autoren Arno Schmidts“[47] bilden (zu verschiedenen Zeiten hat Schmidt beide – unter ganz unterschiedlichen Vorbedingungen – als „Gedächtnis der Menschheit“ tituliert), sieht die Schmidtsche Neuorientierung in der Bewegung von einem Oppermann-nahen zu einem Joyce-nahen Literaturkonzept beispielhaft charakterisiert.

Nun gibt es in „Großer Kain“ sogar noch mehr – auch deutliche – Anspielungen auf Oppermann, als Dunker sie

---

Komparatistisches (Frankfurt a.M.: Bangert & Metzler 1992), S. 88-116.

46 Ernst-Dieter Steinwender, „‚nachmittags drückend‘. ‚Großer Kain‘ als Traumerzählung“, in *Bargfelder Bote*, Lfg. 97-98 / November 1985, S. 3-28, hier S. 6.

47 Axel Dunker, „‚Man begeht kein Plagiat an sich selbst‘. Zur Transformation der Werke von James Joyce und Heinrich Albert Oppermann in Arno Schmidts Erzählung ‚Großer Kain‘“, in *Bargfelder Bote*, Lfg. 152-153 / März 1991, S. 3-20, hier S. 10; vgl. außerdem Axel Dunker, „‚Hier das Gras, das man mäht‘. Memoria und Intertextualität in Arno Schmidts Erzählung ‚Großer Kain‘“, in *Bargfelder Bote*, Lfg. 192-193 / Dezember 1994, S. 3-15.

verzeichnet hat: beispielsweise klingt Oppermanns Teil-Titel „Vor hundert Jahren" nach in der Formulierung „‹VOR FÜNFZIG JAHREN› (da springt der ‹Panther› nach Agadir. / ‹VOR ZWANZIG JAHREN› nach Stalingrad. / ‹VOR ZEHN JAHREN›? : Sch=sch=sch schon reingetreten)"[48], und gleich im Anschluß ist die Rede von „‹HOLOFERNES, Erfinder der Moskitonetze›, vgl. Jud. 13,9"[49], was daran erinnert, daß Oppermanns Deck- und Spitzname eben Holofernes war[50]. Bleiben wir noch etwas bei dem letzten Zitat: von Moskitos (der spanischen Vokabel für ‚Stechmücken') spricht man vornehmlich in Amerika; Holofernes und das (apokryphe) Buch Judith hingegen verweisen auf biblische Landschaften. Beides zusammengebracht wurde von den Mormonen, und das scheint hier durchaus signifikant zu sein.

Liest man die Erzählung „Großer Kain" nicht nur allgemein vor der Folie von Oppermanns *Hundert Jahren*, sondern speziell unter Berücksichtigung der Mormonen-Kapitel „Jenseit der Felsengebirge" und „Der Hafen der Verschlagenen", so lassen sich noch mehr Querverbindungen herstellen; so etwa bieten in der Formulierung von den zwei Sorten Seelen, die in die Leiber lebendiger Menschen eindringen können („entweder die der babylonischen Turmerbauer, oder die von der Süntflut umgekommenen Bösen"[51]), nicht nur, wie schon Dunker zeigt, die Ertrunkenen eine Verbindungsmöglichkeit, sondern auch die (für Schmidts Erzählung wichtigen) Babylonier: Oppermann spricht in den entsprechenden Kapiteln

---

48 Arno Schmidt, „Großer Kain", in Bargfelder Ausgabe, Bd. I/3 (Zürich: Haffmans 1987), S. 351-367, hier S. 355.

49 Ebd., S. 356.

50 Vgl. Schmidt, „Hundert Jahre", a.a.O., S. 191; Postma, „Heinrich Albert Oppermann. Portrait eines Niedersachsen", a.a.O., S. 37.

51 Schmidt, „Großer Kain", a.a.O., S. 356.

nämlich einmal von einem „Neubabylon“[52]. Und wer bei Oppermann gelesen hat, daß bei den Mormonen die (aus ihrer Perspektive) Nichtgläubigen als „gentiles“[53] bezeichnet werden, wird sich auch über die Stelle „‹ADJEKTIVE CONTRA GENTILES›“[54] in Schmidts Erzählung nicht mehr wundern.

Was mit Oppermann begann, endet in „Großer Kain“ – auf dem Umweg über die Mormonen – plötzlich in Amerikas wildem Westen; dies ist um so passender, als allem Anschein nach auch noch eine Karl-May-Folie in der Erzählung der Erhellung harrt.[55] Damit gerät nun natürlich die Rolle der *Hundert Jahre* als Prototyps eines deutschen „Politischen Romans“ vollends aus dem Blick – was aber genau besehen schon am Ende von Schmidts Oppermann-Essay selbst passiert. Der Referent, Sprecher A, beendet sein Komprimat der Handlung der *Hundert Jahre* mit der amerikanischen Utopie namens „Hellun-

---

52 Oppermann, *Hundert Jahre*, a.a.O., achtes Buch, S. 254.

53 Ebd., S. 252.

54 Schmidt, „Großer Kain“, a.a.O., S. 356.

55 Als dezidierter Nicht-Fachmann für Karl May fühle ich mich ausdrücklich nicht kompetent, diese May-Folie näher zu analysieren; auffällig scheint mir allerdings die Bezeichnung des VW-Campingbusses als „Blechschmiede“ durch den Erzähler Carl (S. 366), was jene Geisterschmiede-Szene assoziieren läßt, die Schmidt in seinen May-Essays so oft zitiert; diese Szene stammt aus einem Mayschen Bühnenstück, das ausgerechnet *Babel und Bibel* heißt und schon über diesen Titel sowohl mit „Großer Kain“ als auch mit dem Buch Mormon zu koppeln ist. Im übrigen könnte der Vorname des „Kain“-Erzählers, Carl, schon ein Hinweis auf Karl (früher oft: Carl) May sein, ebenso wie des Erzählers Freund Ernst seinen Namen offensichtlich nicht zuletzt Ernst Kreuder verdankt – vgl. dazu Friedhelm Rathjen, „E. Kr. in D. und J. J. aus D. Eine Mondaminmärchenmarginalie zu ‚Großer Kain‘“, in *Bargfelder Bote*, Lfg. 143-144 / Februar 1990, S. 10-12, Nachdruck in Friedhelm Rathjen, *Textarbeit, Textvergnügen. Einzeltextstudien zu Arno Schmidt* (Scheeßel: Edition ReJoyce 2008), S. 153-156.

gen“; Sprecher B merkt nur zu gut, daß damit der Boden dessen, was zu Beginn des Dialogs als „Theorie“ des „Politischen Romans“ dargeboten wird, entzogen wird:

> Schade eigentlich. –: Nach 3000 Seiten scharfgesehener Realität; nach Erneuerung von Eintausend halbvergessenen guten Namen; nach all dem Aufwand an Wirklichkeitssinn also – mündet schließlich die Fabel von allen Enden her in ein – entschuldigen Sie den Ausdruck, aber es ist ja nicht anders – *in ein Traumreich*?![56]

Sprecher A weist diesen Einwand auf eine seiner Theorie zufolge doch wenig überzeugende, für Schmidts eigentliche Vorlieben aber um so charakteristischere Weise zurück:

> Die abschließende Blitzlichtaufnahme ‹Hellungen› ist *mir* das Sinnbild erhabener Resignation. Der Weisheit letzter Schluß eines Mannes, der, nach ausführlichster analytischer Betrachtung von einhundert Jahren deutscher Geschichte, *an seinem Vaterlande verzweifelt!: Verzweifeln muß!!*[57]

Schon die Vokabel „Blitzlichtaufnahme“, die (im Gegensatz zum Konzept des „Politischen Romans“) an Schmidts Prosatheorie bestens anschließbar ist, läßt ahnen, daß erst

---

[56] Schmidt, „Hundert Jahre“, a.a.O., S. 189.

[57] Ebd. – Reinhard Herzog, „Glaucus Adest. Antike-Identifizierungen im Werk Arno Schmidts“, in *Bargfelder Bote*, Lfg. 14 / Dezember 1975, S. [3]-[27]), hier S. [12], weist mit einigem Recht darauf hin, daß sich Arno Schmidt in seiner Definition des „Politischen Romans“ zu Beginn des Oppermann-Essays zum einzigen Mal in seinem Werk überhaupt gegen „mythologische Außenränder“ und erträumte Landschaften stellt; dem wäre aber eben hinzuzufügen, daß Schmidt sich schon am Ende desselben Essays wieder eines anderen besinnt und die „Außenränder“ verteidigt.

an dieser Stelle Schmidts wirkliches Interesse aufscheint – ein Interesse, das auf eine Art neue Insel Felsenburg, auf den utopischen Traum von einem sozusagen enttheologisierten Mormonenstaat abhebt.

Es folgt, unmittelbar, ein Hinweis darauf, daß die Zukunft den Amerikanern gehört; und es folgt, zwei Seiten später, noch die wichtige Einschätzung, daß „der Wert der ‹Hundert Jahre› [...] absolut im Material; nicht in dessen Verarbeitung“[58] liege – eine Formulierung, die Schmidt ansonsten und geradezu habituell für einen (ausgerechnet:) amerikanischen Kollegen Oppermanns gebrauchte, den er sehr schätzte: für James Fenimore Cooper, der (zumal für Schmidt) ebenfalls einerseits ein eminent politischer, andererseits ein nach dem Idyll sich zurücksehnender Autor war.

Am Ende verkehrt sich der naheliegende Anfangsverdacht ganz und gar: auf mehreren Wegen führt uns das spezielle Interesse, das Schmidt an Oppermann bezeigte, doch nicht nach Niedersachsen, sondern immer wieder nach Amerika. Aus eigener Anschauung kannte Arno Schmidt Hoya ebensowenig wie Utah; zu einer Art Heu-Stedt wird immerhin auch Bargfeld, denn es wird Gras gemäht und Heu gemacht in „Großer Kain“. Kein Großer war Johann Albert Oppermann am Ende mehr für Schmidt, der nie im Traum daran dachte, Oppermanns *Hundert Jahre* selbst um die hundert Jahre von 1870 bis 1970 fortzuschreiben. Schmidts eigener Riesenroman von 1970, *Zettel's Traum*, umfängt statt eines ganzen Jahrhunderts nur einen einzigen Tag und eifert damit Joyce nach, der im *Ulysses* seinen semi-autobiographischen Helden Stephen Dedalus definieren äßt: „Die Geschichte [...] ist

[58] Schmidt, „Hundert Jahre“, a.a.O., S. 191.

ein Albtraum, aus dem ich zu erwachen versuche.“[59] Aus einem solchen erwacht – mit dem Joyceschen Schrei „JUGURTHA : JUGURTHA!!“[60] – am Ende von „Großer Kain“ der Erzähler Carl, und einsehen muß er daraufhin, was eben nach Schmidts Transformation des eigenen Literaturkonzepts in Richtung Joyce wohl auch ein abschließendes Urteil über Heinrich Albert Oppermann einbeschließen könnte: „Ich wollte erst aufbegehren : ICH? : altmodisch?! – Sparte mir dann aber doch lieber die Nervenkraft; möglich ist schließlich Alles!“[61]

---

59 James Joyce, *Ulysses*, üb. v. Hans Wollschläger (Frankfurt a.M.: Suhrkamp 1979), S. 49.

60 Schmidt, „Großer Kain“, a.a.O., S. 366; der Schrei stammt aus Joycens *Finnegans Wake* und wird von Schmidt in seinen Joyce-Essays mehrfach einer ausgiebigen Exegese unterzogen. – Seltsamerweise klingt das „JUGURTHA : JUGURTHA“, wenn man jeweils die zweite Silbe ausfallen läßt und sich deutscher Aussprache bedient, genau wie „Utah : Utah“.

61 Schmidt, „Großer Kain“, a.a.O., S. 367.

Die großen Reisenden
Lewis & Clark auf den Fersen

Die Reise auf den Spuren von Lewis und Clark kann ich erzählen, wenn ich will, denn ich war fast die ganze Zeit dabei.

Westward, Ho!

Gefragt, warum die Schmidtianer zweimal ausgerechnet in Portland, Oregon, tagen mußten, haben sich etliche, übrigens auch unter den Teilnehmern selbst. Die Auslagen bei Powell's und in anderen Buchläden zeigten dann aber doch, daß zumindest *ein* Anknüpfungspunkt für einschlägige Schmidt-Interessen vorhanden war: wir befanden uns im Zentrum des Zielgebietes jener großen Entdeckungsreise von Meriwether Lewis und William Clark, für die Schmidt in *Zettel's Traum* und einigen im Umfeld entstandenen essayistischen Texten wärmste Worte gefunden hat. Am 14. Mai 1804 war ein Expeditionstrupp von rund 45 Mann unter Leitung der beiden wackeren Männer bei St. Louis aufgebrochen, um im Auftrag des US-Präsidenten Thomas Jefferson jenes riesige Areal westlich des Mississippi zu erkunden, das die Vereinigten Staaten kurz vorher den Franzosen abgekauft hatten. Unter ausgesprochen mühseligen Umständen folgten die Entdecker dem Missouri stromaufwärts und verbrachten den ersten Winter im selbstgezimmerten Fort Mandan, wo sich ihnen der Dolmetscher Toussaint Charbonneau mit seiner indianischen Frau Sacagawea und dem neugeborenen Sohn Jean Baptiste anschloß. (Charbonneau hatte übrigens zwei Frauen, doch die zweite entschied sich im letzten Moment, doch lieber nicht mitzukommen.) Das Jahr 1805 verging mit dem weiteren Vorrücken gen Westen, durch Gebiete, die zuvor kein Weißer gesehen hatte. Im August wurde die

Kontinentalscheide in den Rocky Mountains überquert; westlich der Berge folgte die Route weitestgehend dem Verlauf des Columbia River, der heute den größten Teil der Grenze zwischen den US-Bundesstaaten Washington und Oregon bildet. Dort, wo der Willamette River in den Columbia mündet, liegt heute Portland, in dessen Herzen die meisten SIASCO-Teilnehmer das zweifelhafte Vergnügen hatten, in Day's Inn zu übernachten. Die Klagen über Verkehrslärm und schlechten Hotelservice, die bei dieser Gelegenheit zu hören waren, verblassen freilich doch ein wenig, wenn man diese Umstände mit dem vergleicht, was Lewis und Clark geboten bekamen. Anfang November 1805 kampierte der Forschungstrupp auf Diamond Island im Columbia River, einer Insel, die es heute so nicht mehr gibt, da sie zu zwei Eilanden zerfiel.

Auch anderes gibt es heute nicht mehr; naturgemäß hat sich in den knapp zwei Jahrhunderten seither viel geändert, und deshalb kann es kaum verwundern, daß mancher Versuch, heutzutage auf den Spuren von Lewis und Clark zu wandeln, ausgesprochen kläglich ausfällt. Namentlich zu warnen ist davor, vom Lewis and Clark State Park am Ostrand von Portland mehr zu erwarten als eine bescheidene Grünanlage mit dem zwiespältigen Flair von Joggerpisten und Hundekackplätzen. Es versteht sich von selbst, daß man die Großstadt weiter hinter sich lassen muß, um die Luft der Pioniere wittern zu können. Einen schönen Eindruck von der Columbia River Gorge vermittelt die Fahrt ostwärts auf den Resten des Historic Highway (‚historisch' im amerikanischen Sinne: die Straße US 30 wurde erst 1915 gebaut), und wenn man bei Hood River die Zollbrücke über den Columbia nimmt, so kommt man am Nordufer etwa dort an, wo Lewis und Clark seinerzeit ein aus elf Häusern bestehendes Indianerdorf passierten. Heute stoßen wir an jener Stelle auf ein etwas häuserreicheres Städtchen, das nicht nur Bingen heißt, sondern auch fast genauso gelegen ist wie die Namensvetterin am Rhein – bloß der Ort als solcher ist so häßlich, daß selbst die hiesigen Weinproduktionen darüber nicht recht hinwegzutrösten vermögen.

Ein lohnenderer Ausflug von Portland mit Lewis und Clark im Blick geht flußabwärts, also gen Westen. Am 7. November 1805 stießen die Entdecker in ihrem Camp beim Pillar Rock am Nordufer des Columbia Schreie ‚großer Freude' aus, denn sie glaubten sich, wie William Clark unter diesem Datum[1] vermerkt, „in viuew of the *Ocian*, this great Pacific Octean which we been so long anxious to See. and the roreing or noise made by the waves brakeing on the rockey Shores [...] may be heard distictly." Aber das war verfrüht, denn was sie erblickten, war tatsächlich bloß der Mündungstrichter des Columbia. Nach frustrierender Weiterreise und der vergeblichen Suche nach einem geeigneten Winterlager am Nordufer kehrte die Gesellschaft schließlich zum Pillar Rock zurück und setzte ans Südufer über – ausgerechnet an jener Stelle, wo sich heute ein Kaff mit dem hamburgisch klingenden Namen Altoona befindet. Vorher hatte man darüber abgestimmt, auf welcher Seite des Flusses man das Winterlager errichten wollte; da bei dieser Abstimmung auch der schwarzhäutige York und die Indianerin

---

[1] Ich zitiere Lewis und Clark der leichteren Auffindbarkeit in den unterschiedlichen Ausgaben wegen stets unter Nennung von Datum und Autor im laufenden Text. Zugrunde liegt meinen Zitaten die derzeitige Standardausgabe *The Journals of the Lewis and Clark Expedition*, hg. v. Gary E. Moulton (Lincoln: University of Nebraska Press 1983-2000), 12 Bände (1: Atlas; 2: Journal Lewis / Clark 30.8.03-24.8.04; 3: dito 25.8.04-6.4.05; 4: dito 7.4.-27.7.05; 5: dito 28.7.-1.11.05; 6: dito 2.11.05-22.3.06; 7: dito 23.3.-9.6.06; 8: dito 10.6.-26.9.06; 9: Journale John Ordway / Charles Floyd; 10: Journal Patrick Gass; 11: Journal Joseph Whitehouse; 12: Herbarium).

Sacagawea mitbestimmen durften, wird die Entscheidung heutzutage sogar zum ersten Fall des Farbigen- wie auch des Frauenwahlrechts in Amerika hochstilisiert – nun ja. Südlich des Columbia, so hatten sich die Expeditionsteilnehmer von Indianern sagen lassen, solle es Wild in Hülle und Fülle und außerdem bessere Überwinterungsmöglichkeiten geben, und derlei Wahlkampfpropaganda verfehlte ihre Wirkung nicht. So errichtete man schließlich an einer geschützten Stelle im Wald, einen Steinwurf entfernt von einem mit Kanus befahrbaren Fluß (heute originellerweise Lewis and Clark River geheißen), aus rohen Baumstämmen einen Zweckbau, das Fort Clatsop. Hier verbrachte der Trupp den Winter, und die Herren Expeditionsleiter brachten das umfangreiche Journal ihrer Reise auf Vordermann. Unter dem Datum des 23. März 1806 vermerkt Clark darin über Fort Clatsop: „at this place we had wintered and remained from the 7th of Decr. 1805 to this day and have lived as well as we had any right to expect“ – was freilich besser klingt, als die Zustände dort wirklich waren: von den 106 Tagen, die man hier verbrachte, waren bloß zwölf regenfrei; Verpflegung und Kleidung waren ständig am Verrotten, und das naßkalte Wetter sorgte nicht gerade für Hochstimmung im Lager.

Das große Vermächtnis der Expedition sind die Tagebücher, die größtenteils in Fort Clatsop überarbeitet wurden. Außerhalb dieser Tagebücher sind denn auch eigentlich keine Spuren der Unternehmung vorhanden – mit bloß zwei Ausnahmen. 1995 fand man bei Great Falls in Montana einen Reißbrettstift, den Lewis und Clark 190 Jahre zuvor dort verloren: das ist deswegen die einzige Kampierstelle, die als exakt lokalisiert gelten darf. Und in der Nähe von Billings (ebenfalls in Montana) ritzte Clark in eine dreißig Meter hohe Sandsteinsäule seinen Namen und das Datum, den 25. Juli 1806. Andere physische

Hinterlassenschaften der Expedition am Wegesrand existieren nicht, und auch der Holzbau, der sich beim Fort Clatsop National Memorial unweit von Astoria in Oregon heute besichtigen läßt, ist eine Replik aus neuerer Zeit, erbaut auf der Grundlage einer sehr rudimentären Planskizze der Entdecker.

Dennoch ist Fort Clatsop zumindest westlich der Rocky Mountains wohl noch der geeignetste Ort, um der Expedition im touristischen Nachvollzug zu gedenken: das Museumsgebäude ist klein, aber fein; die örtliche Fort Clatsop Historical Association bemüht sich auf nichtkommerzieller Basis um die Aufarbeitung der Vergangenheit; und selbst aus der Ferne läßt sich von der hier geleisteten Arbeit profitieren, denn der Verein betreibt einen hervorragenden Versandservice, über den sich etwa Gary Moultons umfangreiche Neuedition der *Journals of the Lewis & Clark Expedition* beziehen läßt, daneben aber auch eine breite Auswahl von Büchern von und über die Forschungsreise, außerdem Poster, Bronzestatuen und sogar eine exklusive Wolldecke mit historischem Aufdruck.[2]

Fort Clatsop ist der Umkehr-, aber nicht der Ziel- und Endpunkt der Reise von Lewis und Clark, denn erklärtes Ziel war es ja, an den Pazifik zu gelangen, von dem das Fort einige Meilen entfernt ist. Als „the END of the LEWIS & CLARK trail“ beliebt sich deshalb das Städtchen Seaside darzustellen, ein Seebad an der Küste Oregons, wohin von Fort Clatsop aus ein kleinerer Erkundungstrupp vorstieß. An einem Strand noch einige Meilen weiter südlich wurde ein Camp eingerichtet, in

---

[2] Interessenten kontaktieren die Fort Clatsop Historical Association über das Internet (www.nps.gov/focl/catalog.htm), per e-mail (fcha@nps.gov), per Fax (001-503-8612585) oder schriftlich: 92343 Fort Clatsop Road, Astoria, Oregon 97103, U.S.A.

dem ein paar Männer im Winter 1805/06 Meersalz gewannen. Ein weiterer Erkundungstrupp stieß noch weiter nach Süden vor, bis zum heutigen Cannon Beach, wo ein Wal gestrandet war und man den ortsansässigen Indianern Tran abhandelte. Auf dem Weg dorthin genoß man das phantastische Küstenpanorama des Tillamook Head im heutigen Ecola State Park von einem Ausguck aus, den Lewis gönnerhaft als Point of Clark's View in seine Karte eintrug. All das wären Örtlichkeiten, die sich mit gleichem Recht als Endpunkte der Expeditionsroute ausgeben könnten, ebenso wie Long Beach und Seaview an der Küste von Washington, wo schon zuvor Clark mit einem Erkundungstrupp erstmals den pazifischen Ozean erreicht hatte – Anlaß genug, heute dort im Fort Canby State Park ein Lewis and Clark Interpretive Center mit allerlei Multimedia- und anderen Spektakeln zu betreiben.

Das alles also findet sich, von Portland in ein, zwei Tagen zu erkunden, im Westen der Staaten Oregon und Washington. „In Seaside hatte man ständig das Rauschen der Pazifikwellen in den Ohren, es lullte mich ein – es war der Ton meines verfließenden Lebens“[3]: solches schreiben nicht Entdeckungsreisende, solches schreibt David Guterson. Und damit nun endlich: Ende des touristischen Abschnitts.

Wordsward, Go!

Lewis und Clark (da sind sie wieder) haben Arno Schmidt ein Weilchen interessiert, und das wohl aus dreierlei Gründen:

Zum ersten konnte sich Schmidt einfach für Reisen in weites, endloses Neuland begeistern, und dies zumal,

---

[3] David Guterson, „Der Tag der Mondlandung“, in ders., *Das Land vor uns, das Land hinter uns*, Erzählungen, üb. v. Christa Krüger (München: btb 1999), S. 39-54, hier S. 50.

wenn es um Nordamerika ging. Eine ganze Reihe von Entdeckungs- und Reiseberichten aus dem Westen der USA findet sich in Schmidts Nachlaßbibliothek, und wenn wir wollen, können wir in diesem Umfeld auch noch solche Dinge verorten wie die Wüstenmarschierer in „Enthymesis", den Trip Charles Henry Winers durch den Hominidenstreifen in der *Gelehrtenrepublik* oder gar die Forschungsspaziergänge der ländlichen Erzählhelden durch Schmidts Südheidetexte der 60er Jahre. Dem Kopfreisenden Schmidt gilt die Expedition von Lewis und Clark als „1 der Großen Reisen der Menschheit"[4]; und das Tagebuch, das dabei entstanden ist, ist ihm sogar „ein Buch wie HOMER!"[5] Das kann man bis zu einem gewissen Grad mit Schmidts alter Naturalismusbegeisterung erklären, mit seinem Eintreten für Leute, die ihren Blick aufs Präziseste den Realien der Welt zuwenden und alle Namen, Daten, Fakten penibel verzeichnen; andererseits beharrte aber Schmidt bekanntlich darauf, daß der Wert solcher Mitteilungen sich nicht im und mit dem Material erschöpfte, sondern daß die aufzufindenden Realien aufs Schärfste die menschliche Phantasie zu erregen vermochten. Der Schiffskatalog des Homer war deswegen keineswegs (nur) als Sach-, sondern vor allem als poetischer Text von Belang, und ähnliche Qualitäten behauptet Schmidt implizit auch für das Tagebuch „der Reise von LEWIS & CLARKE quer durch Nordamerika zur Mündung des Columbia – [...] ein permanentes Gemisch aus Windespfeifen & Grasgewischel; das, wer es einmal vernommen hat, nicht mehr missen möchte."[6] Dies ist

---

4 Arno Schmidt, „Das Buch Jedermann. James Joyce zum 25. Todestage", in Bargfelder Ausgabe, Bd. II/3 (Zürich: Haffmans 1991), S. 231-256, hier S. 253.

5 Arno Schmidt, „Schutzrede für ein graues Neutrum", in Bargfelder Ausgabe, Bd. III/4 (Zürich: Haffmans 1995), S. 347-50, hier S. 349.

6 Ebd.

sozusagen das Cooper-Potential von Lewis und Clark: das Vermögen, Weltstoff in Sehnsuchtsnahrung zu verwandeln. Zum zweiten waren Lewis und Clark brauchbar für etwas, was Schmidt mit Leidenschaft betrieb: die literarische Ableitungskunde. Auch hier ist der Name Cooper nicht unangebracht, doch vielleicht sollten wir lieber vom Poe-Potential sprechen, hat doch Arno Schmidt seinen alten Liebling Poe sehr bald als Meisterschüler im Klauen und Plagiieren erkannt. Cooper hat, als er für *Die Prärie* den geographischen Kreis seiner früheren *Lederstrumpf*-Bände gen Westen verlassen mußte und Ersatz für die ihm hier fehlende eigene Anschauung suchte, Zuflucht zu den Schilderungen von Lewis und Clark genommen; Schmidt hat das durchaus gewußt und in dem detektivischen Aufspüren dieses Zusammenhangs einen „dem Gourmand unverächtliche[n] Reiz“[7] verspürt; aber er hat eben auch gemerkt, daß Lewis und Clark „in großem Stil anregend“ vornehmlich anderswo, nämlich „für POE’s cumulirendes Talent gewesen sind“[8]: Poe hat für seinen *Julius Rodman* beträchtliche Teile der Journale der zwei Rocky-Mountains-Überquerer mehr oder minder unverändert abgeschrieben. Das ist naturgemäß der Hauptanlaß für Schmidts Beschäftigung mit Lewis und Clark in *Zettel’s Traum*, namentlich im zweiten Buch, „In Gesellschaft von Bäumen“.

Aber auch in „Die Geste des Großen Pun“, dem vierten Buch, kommen Lewis und Clark randspaltig vor, und damit wären wir eigentlich schon beim dritten Anlaß des Schmidtschen Interesses. Dieser Anlaß ist, kurios zu sagen, die Rechtschreibschwäche vor allem von William Clark, die so eklatant war, daß sie sogar in populistisch-

---

7 Ebd.

8 Arno Schmidt, „Über die Arbeitsweise Edgar Allan Poe’s“, in Bargfelder Ausgabe, Bd. III/4, a.a.O., S. 373-388, hier S. 378.

touristischen Führern zum Thema nicht unerwähnt bleibt. So heißt es in einer als Themenreiseführer gedachten Broschüre über Clark: „the fellow [...] was a notoriously poor speller. Standard spelling was a very new concept in 1805, certainly hadn't yet reached either Clark or Lewis (a better speller than Clark), and would take years to catch on anyway."[9] Insofern haben anarchistisch-dudenfreie Zeiten dann wohl doch ihr Gutes, denn Arno Schmidt erbaut sich an der regellosen Orthographie über alle Maßen und bringt Lewis und Clark in einen sprachlichen Zusammenhang mit Joyce: *„ausgerechnet dieser Bericht,* ist eine der nützlichsten Vor=Schulungen zum FINNEGAN."[10] Wir kommen deshalb nicht umhin, diesen dritten Strang der Schmidtschen Begeisterung als das Joyce-Potential von Lewis und Clark zu bezeichnen; darauf wird noch zurückzukommen sein. Von den drei genannten Gründen, aus denen das Tagebuch der beiden Forschungsreisenden für Schmidt zeitweilig eine große Rolle spielte, ziehen zumindest die beiden letztgenannten einen gewissen Profit aus der unleugbaren Tatsache, daß es um „die Wirkungen eines bei uns wie billig gänzlich ungekannten Buches"[11] geht, also wieder einmal auch Schmidt selbst einige Entdeckerfreude an den Tag legen kann. In *Zettel's Traum* ist es Daniel Pagenstecher, der mit dem Gehabe dessen, der völlig unbekannte Dinge verhandelt, auf Lewis und Clark aufmerksam macht; außerhalb des Buches tut Arno Schmidt zumindest in Ansätzen Ähnliches. In Amerika hätte er dazu nicht die geringste Chance gehabt, denn dort ist die erstmalige Kontinentquerung durch die beiden orthographischen Tagebuchpioniere eine

---

9 Barbara Fifer, *Along the Trail with Lewis and Clark. Travel Planner and Guide* (Pittsfield: Montana Magazine 2000), S. 33.

10 Schmidt, „Das Buch Jedermann", a.a.O., S. 233.

11 Schmidt, „Schutzrede für ein graues Neutrum", a.a.O., S. 349.

absolut klassische Tat, die entsprechend gewürdigt wird. Pars pro toto sei hier nur auf eine Formulierung des transzendentalistischen Erzpraktikers Henry David Thoreau[12] hingewiesen, der am Ende seines Einsiedlerbuches *Walden* bemerkt: „Ist nicht unser Inneres weiß auf der Karte, wenn es sich schon bei der Entdeckung schwarz zeigen mag wie die Küste? [...] Seid lieber der Mungo Park, Lewis, Clarke und Frobisher eurer eigenen Ströme und Meere“[13]. Wie bei diesem Aufruf, statt der äußeren lieber die innere Welt zu erforschen, so sind auch anderswo die Namen Lewis und Clark zu Synonyma für den Topos ‚Entdeckungsreise‘ geworden – dies übrigens auch bei Schmidt, nämlich in „Caliban über Setebos“: „in Ortsnähe bleibm, ich war schließlich kein Entdeckungsreisender, weder Louis noch Clerk.“[14] So verlockend es ist, die entzückende orthographische Namensverwandlung als Reflex auf die Rechtschreibschwäche der gemeinten Herren aufzufassen: das geht wohl doch fehl, denn es spricht alles dafür, daß Schmidt die „Caliban“-Stelle ohne Primärkenntnis des Expeditionsberichts schrieb. Zu sehr weicht die Stelle von allen anderen Bezugnahmen Schmidts auf Lewis und Clark ab; inhaltlich bleibt sie unspezifisch, und zeitlich ist sie ein Ausreißer nach vorn.

---

[12] Vgl. dazu auch Friedhelm Rathjen, „Schwarze Spiegel oder Leben in Wäldern. Henry David Thoreau und Arno Schmidt“, in Rudi Schweikert (Hg.), *Zettelkasten 19. Aufsätze und Arbeiten zum Werk Arno Schmidts. Jahrbuch der Gesellschaft der Arno-Schmidt-Leser 2000* (Wiesenbach: Bangert & Metzler 2000), S. 131-182; Nachdruck in Friedhelm Rathjen, *Westwärts. Arno Schmidt und die amerikanische Literatur* (Scheeßel: Edition ReJoyce 2007), S. 57-92.

[13] Henry David Thoreau, *Walden oder Leben in den Wäldern*, üb. v. Emma Emmerich u. Tatjana Fischer (Zürich: Diogenes 1979), S. 311 f.

[14] Arno Schmidt, „Caliban über Setebos“, in Bargfelder Ausgabe, Bd. I/3 (Zürich: Haffmans 1987), S. 475-538, hier S. 491.

Die Stelle aus „Caliban oder Setebos“ schrieb Schmidt im April / Mai 1963; die anderen Bezugnahmen Schmidts auf unsere Entdeckungsreisenden entstammen den Jahren 1964 (je eine Stelle in „Schutzrede für ein graues Neutrum“ und in „Über die Arbeitsweise Edgar Allan Poe's“), 1965 (eine Stelle in „Das Buch Jedermann“) und 1966-68 (knapp dreißig Stellen in *Zettel's Traum*), und das heißt auch: sie entstammen alle dem Umfeld der Arbeit Schmidts an seinen Poe-Übersetzungen. Notfalls können wir aber sogar die „Caliban“-Stelle auf mittelbare Weise auch noch diesem Kontext eingruppieren. Mitten in der Arbeit am „Caliban“, am 27. und 28. April 1963, beschließen in Bargfeld auf der ersten von mehreren Arbeitssitzungen die Herren Schmidt, Wollschläger, Müller und Schuhmann über die Poe-Ausgabe des Walter-Verlags.[15] Es ist gar nicht auszuschließen, daß auf dieser Sitzung über Lewis und Clark gesprochen wurde, ist deren Reisejournal doch ein wichtiger Prätext für Poes *Julius Rodman* – und über den *Rodman* dürfte in jedem Fall verhandelt worden sein, denn der ist ein Spezialfall innerhalb der Poe-Ausgabe. Als einziger längerer Text Poes ist *Das Tagebuch des Julius Rodman* (dessen Autorschaft lange ungeklärt war) nicht in der von Schmidt benutzten Poe-Werkausgabe von John H. Ingram enthalten; Schmidt mußte sich als Übersetzungsgrundlage den Text (wie sonst nur noch einige Rezensionen) eigens kopieren lassen (vermutlich von Kuno Schuhmann, dem Heraus-

---

[15] Vgl. K.H. Kramberg, „Poes Poetologie. Die vierbändige, kommentierte deutsche Ausgabe seiner Werke – jetzt komplett“, in *Süddeutsche Zeitung*, 12.1.1974. – Datum und Teilnehmer werden auch aufgeführt in einem von Alice Schmidt an das Finanzamt Celle geschriebenen Stück „Steuerprosa“, die freilich nach Einschätzung Axel Dunkers als biographische Quelle nicht verwertbar ist. Vgl. Axel Dunker (Hg.), *Arno Schmidt (1914-1979). Katalog zu Leben und Werk* (München: edition text + kritik 1990), S. 104, 107.

geber der Walter-Ausgabe).[16] Die einzig relevante Stelle im Werk Arno Schmidts außerhalb von *Zettel's Traum*, an der der *Rodman* erwähnt wird, ist der (im Dezember 1964 entstandene) Essay „Eines Hähers »: Tué!« und 1014 fallend", in dem Schmidt den Text in einer Aufzählung von „wahrlich bedeutende[n] Stücke[n]" im Genre des fiktiven Tagebuchs nennt, die freilich alle „an der getadelten unerfreulichen Leichtigkeit des Zusammenfabulierens" laborierten: „einfältig=flink hinzuschmirakelnde Primitiv=Formen der Prosa"[17]. Ist so etwas nun ein Rettungs- oder doch eher ein Erledigungsversuch?

---

[16] Zum Poe-Bestand in Schmidts Nachlaßbibliothek vgl. Dieter Gätjens, *Die Bibliothek Arno Schmidts. Ein kommentiertes Verzeichnis seiner Bücher* (Zürich: Haffmans 1991), neue Ausgabe, durchgesehen und erweitert von Günter Jürgensmeier (Bargfeld: Arno Schmidt Stiftung 2003; im Internet: www.arno-schmidt-stiftung.de/Archiv/ Bibliotheksverzeichnis.html), Nr. 575.1-14. – Der Hinweis darauf, daß Schmidt Kopien von Schuhmann bekam, gab als erster in seinen einschlägigen Publikationen Thomas Hansen, der den Briefwechsel Schmidt / Schuhmann komplett einsehen konnte. Vgl. Thomas Hansen, „Arno Schmidts Poe-Rezeption: im Domain of Arn(o)heim", in Thomas Krömmelbein u. Martin Lowsky (Hg.), *Zettelkasten 9. Aufsätze und Arbeiten zum Werk Arno Schmidts. Arno Schmidts Hausgötter.* Erste Folge. *Von Johann Gottfried Schnabel bis James Joyce* (Frankfurt a.M.: Bangert & Metzler 1991), S. 188-211, hier S. 211: „Schumann [sic] versuchte Schmidts spezifischen Bücherwünschen nachzukommen, indem er eine kleine Auswahl der Primär- und Sekundärliteratur mit Mühe auftrieb und an Schmidt schickte"; ders., „Arno Schmidt as Poe Scholar", in Timm Menke (Hg.), *Arno Schmidt am Pazifik. Deutsch-amerikanische Blicke auf sein Werk* (München: edition text + kritik 1992), S. 110-121, hier S. 119: „In response to request, Schuhmann sometimes lent Schmidt his own personal copy of a work, or turned one up second hand. In 1965 he supplied Schmidt with the Poe biographies by A.H. Quinn and Marie Bonaparte."

[17] Arno Schmidt, „Eines Hähers »: Tué!« und 1014 fallend", in Bargfelder Ausgabe, Bd. III/4, a.a.O., S. 389-400, hier S. 395.

Für den *Rodman* läßt sich auf der Grundlage dieser Feststellungen vermuten, daß Schmidt den Text vor jenem Arbeitstreffen im April 1963 gar nicht kannte und sich, nachdem *Zettel's Traum* geschrieben war, auch nicht mehr dafür interessierte. Für die Tagebücher von Lewis und Clark liegt ein ähnlicher Schluß insofern nahe, als auch die nach dem Abschluß von *Zettel's Traum* von Schmidt nicht mehr erwähnt werden. Das Interesse muß ein recht punktuelles, eng begrenztes und möglicherweise auch ein instrumentelles gewesen sein, so sehr die zitierten Lobeshymnen („ein Buch wie HOMER!", immerhin) auch auf anderes hindeuten mögen.

Gestward, Poe!

Wenn wir uns die einschlägigen Stellen in *Zettel's Traum* anschauen, wird schnell klar, daß von den oben skizzierten drei Interessenssträngen Schmidts (Cooper-Potential, Poe-Potential, Joyce-Potential) vor allem der Poe-Konnex von Belang ist – das ist angesichts des Themas von *Zettel's Traum* ja auch kaum erstaunlich. Die Mehrzahl der Bezugsstellen befaßt sich mit den Details des plagiatorischen Umgangs von Poe mit seiner Quelle; auf akribisch-umständliche Weise wird da immer wieder der „Entlehnungs=Nachweis"[18] geführt. Davon unabhängig zieht sich aber eine andere Argumentationslinie durch das Buch. Lewis und Clark seien „SEIN=Lieblingsbuch"[19] gewesen, behauptet Schmidt und führt das analysierend auf Poes Hang zum Voyeurismus zurück, der sich an den naturwissenschaftlich-deskriptiven Entdeckungswonnen der Forschungsreisenden entzündet habe: „Dèswegn – wegen all dem 'observe=explore=peer=analyze' war

[18] Arno Schmidt, *Zettel's Traum* (Stuttgart: Goverts Krüger Stahlberg 1970), S. 285 mu.

[19] Ebd., S. 230 mu.

'LEWIS & CLARKE' Seine große Lieblingslektüre"[20]. Als es um die Zusammenstellung einer imaginären Mondbibliothek geht, wird dann noch einmal die Frage der Lieblingsbücher Poes virulent, und erneut fallen die einschlägigen Namen: „LEWIS & CLARKE – [...] Das sind aber 2 Bände"[21]. Worauf sich die Lieblingsbuch-Behauptung gründet, verschweigt Schmidt leider, und es ist auch keine entsprechende Quelle zu ermitteln. Freilich gibt es außerhalb des *Julius Rodman* noch eine Stelle bei Poe, an der Lewis und Clark eine Rolle spielen, und nach Lage der Dinge scheint es nicht ausgeschlossen, daß Schmidt aus jener Stelle seine üblichen überinterpretierenden Schlußfolgerungen gezogen hat.

Der fragliche Passus steht im *Arthur Gordon Pym* (auch dies ein fiktives Reisetagebuch), und Arno Schmidt übersetzte ihn für die Poe-Ausgabe des Walter-Verlags:

> Ich musterte nunmehr die Bücher, mit denen ich so aufmerksam versorgt worden war, und erkieste mir dann die Große Reise von LEWIS & CLARKE zur Mündung des Columbia River; womit ich mir eine geraume Weile die Zeit vertrieb; bis ich endlich schläfrig wurde, das Licht mit großer Sorgfalt löschte, und gleich darauf in einen gesunden Schlummer sank. –[22]

Wenn man Arno Schmidts Neigung kennt, von Buchhelden auf deren Autoren und von kleinen Referenzen auf große Verdienste zu schließen, so hat man durchaus Anlaß zu der Vermutung, Schmidt baue auf eben dieser Stelle aus dem *Arthur Gordon Pym* seine Behauptung auf,

---

[20] Ebd., S. 187 lm.

[21] Ebd., S. 760 lm.

[22] Edgar Allan Poe, *Umständlicher Bericht des Arthur Gordon Pym von Nantucket*, Roman, üb. v. Arno Schmidt, Gesammelte Werke in 5 Bänden, Bd. IV (Zürich: Haffmans 1984), S. 34.

Lewis und Clark seien Poes Lieblingslektüre gewesen. Die *Pym*-Stelle wird immerhin gleich zweimal in *Zettel's Traum* zitiert, und zwar im Original, weil Schmidt im einen Fall gleich auch noch eine Etymanalyse anschließt: „I now looked over the books, so thoughtfully provided; and selected the expedition of Lewis & Clark to the mouth of the Columbia. (Pym./: zur Mündung des Cul + Täubchen + Fluß + riven; (& am Verfasser hing 'Louis + Lues'))"[23].

Dies ist übrigens eine von nur zwei Stellen überhaupt, an denen Schmidt den Namen „Clark" korrekt schreibt, also ohne ein zusätzliches -e als Endung; freilich tut er das wohl versehentlich. Die falsche Schreibung „Clarke" übernimmt Schmidt möglicherweise von Poe (in dessen Texten sie sich durchgängig findet). Allerdings sollten wir, bevor wir zu vorschnellen Folgerungen Zuflucht nehmen, berücksichtigen, daß die falsche Schreibweise auch anderswo weit verbreitet ist und beispielsweise in dem oben zitierten Passus aus Thoreaus *Walden* vorkommt – und der Grund ist, schier unglaublich, daß schon in der von Nicholas Biddle veranstalteten (stark redigierten, größtenteils gar paraphrasierten) Erstausgabe der Expeditionstagebücher Clarks Name durchgängig falsch geschrieben wird! Dennoch ist es signifikant, daß Schmidt an der von Poe gepflegten unkorrekten Schreibweise festhält, und dies, obwohl im editorischen Apparat der Walterschen Poe-Ausgabe stets die korrekte Namensversion benutzt wird. Schmidt hat, das zeigt sich nicht nur hierin, zu dem von Kuno Schuhmann erstellten editorischen Apparat nicht direkt beigetragen.

Aber er hat davon profitiert, und damit wären wir bei einem leicht dubiosen Aspekt der Schmidtschen

---

[23] Schmidt, *Zettel's Traum*, a.a.O., S. 681 lo. Wiederholung des *Pym*-Zitats (in leicht abweichender Schreibung) ebd., S. 731 lu.

„Entlehnungs=Nachweise“ in *Zettel's Traum*. Es ist instruktiv, die einschlägigen Stellen einmal der Reihe nach durchzugehen. Anfangs formuliert Daniel Pagenstecher noch vorsichtig, daß sich in Poes *Rodman* einiges „allerdings überlappt hat mit LEWIS & CLARKE“[24]; etwas später gerinnt das schon zu dem Vorwurf, Poe habe eine ganze Reihe von Texten „wirklich zú=stark benützt: TOWNSEND, BONNEVILLE, IRVING's ‘Astoria’“ und eben „vor allem L & C“[25]. Der zentrale und detaillierte „Entlehnungs=Nachweis“ folgt dann in einem Dreischritt auf den Seiten 280, 285 f. sowie 295 von *Zettel's Traum*. Zunächst zitiert Pagenstecher einen Passus aus dem Tagebuch von Lewis und Clark, wo es um das Erstaunen geht, das der schwarzhäutige Expeditionsteilnehmer York bei den Indianern hervorruft, und vergibt dazu einen Arbeitsauftrag: „vergleicht hierzu die, peinlich=parallele, Szene im RODMAN.–“[26] Wilma, die sich damit zu wehren versucht, daß der Schwarze bei Poe doch Toby heiße, wird mit dem Hinweis ausgekontert, auch bei Lewis und Clark komme der Name Toby vor (Schmidt gibt zwar keine Einzelheiten preis, aber es handelt sich um einen indianischen Führer, der die Expedition von August bis Oktober 1805 begleitete). Das ist die erste Breitseite. Die

---

[24] Ebd., S. 46 lu.

[25] Ebd., S. 170 mu/lu. – Die Aufzählung erweckt den Eindruck, „BONNEVILLE“ sei auch einer der von Poe ausgeschlachteten Autoren, tatsächlich handelt es sich aber um ein weiteres semidokumentarisches Werk von Washington Irving, *The Adventures of Captain Bonneville, U.S.A.* Der Hinweis auf beide Texte Irvings findet sich in Kuno Schuhmanns editorischen Anmerkungen zu Poes Text; vgl. Edgar Allan Poe, *Der Fall des Hauses Ascher. Erzählungen*, Gesammelte Werke in 5 Bänden, Bd. II (Zürich: Haffmans 1994), S. 415 (und ebd., S. 416, der Hinweis, die einschlägige Nacherzählung John K. Townsends habe Poe wahrscheinlich *nicht* benutzt!).

[26] Schmidt, *Zettel's Traum*, a.a.O., S. 280 lm.

zweite ist ein längliches Zitat aus Lewis und Clark, eingeleitet von Pagenstecher mit dem Hinweis, daß darin Poes „'Zauberklippn' [...] ihre Parallele"[27] finden. So vorsichtig formuliert Schmidt in Plagiatsfragen sonst eigentlich nie, aber eben das ist der Trick: Pagenstecher stellt nur vage etwas in den Raum, und es ist Paul, der darauf hereinfällt und ein paar Seiten später das Unausgesprochene zusammenfaßt: daß nämlich „Zettbee diese 'Zauberklippn' hundertprozentig aus L&C copirt"[28] seien. Pagenstecher kann es sich nun sogar leisten, den Plagiatsvorwurf graduell abzuschwächen: „Zu 1oo % erstens=nich, Paul; man bloß zu 90"[29]. Das ist als Entschuldigung natürlich ausgesprochen müde, und so folgt der dritte und letzte Streich in Form eines knappen Detailvergleichs: „L&C haben 'which did not the less remind us'; RODMAN schreibt 'which aided this conception not a little'; auch sind deren Nester bei L&C 'build with clay in a globular form, attached to the wall within thos nitches'; beim RODMAN 'built in the holes that everywhere perforate the mass'."[30] Wer bei solchen Auflistungen den großen Überdruß kriegt, ist Schmidt schon in die Falle gegangen, denn es gelingt ihm, eine Beweisfülle zu suggerieren, die er in Wahrheit gar nicht vorlegt.

Es folgt in *Zettel's Traum* noch ein gutes Dutzend weiterer Stellen, an denen Lewis und Clark vorkommen, doch das Plagiatsthema wird nicht noch einmal aufgerufen: mit den bereits zitierten Stellen ist der *Julius Rodman* bereits zur Genüge erledigt. Erstaunlich, aber wahr: Schmidt bringt eigentlich nur zwei Belege, nämlich die Schwarzer-Mann-schockt-Rothäute-Parallele und die Zauberklippen-

---

27 Ebd., S. 285 lu.
28 Ebd., S. 295 lo.
29 Ebd.
30 Ebd., S. 295 lu.

Parallele, flankiert aber dieses magere Material so geschickt mit den auftrumpfend-wortreichen Gesten des Plagiatsentdeckers, daß wir fast so geblendet sind wie Paul Jacobi. Dessen Rolle in *Zettel's Traum* besteht darin, trotz seiner Poe-Belesenheit erstaunlich wenig zu wissen. Wie ein Schuljunge (und dies als Stellvertreter des Schmidt-Lesers) fragt er Pagenstecher: „Aso Du meinst, die Hauptquelle sei LEWIS & CLARK.?"[31] Da braucht Pagenstecher natürlich bloß noch zu nicken und bibliographische Angaben vor sich hin zu murmeln, und schon glauben wir ihm seine Expertenschaft.

Dabei braucht man eigentlich gar kein Experte zu sein, um zu merken, daß hier Türen eingerannt werden, die sperrangelweit offen stehen; man braucht eigentlich bloß das *Tagebuch des Julius Rodman* selbst gelesen zu haben. Die Entdeckung, der *Rodman* basiere zu weiten Teilen auf der Expedition von Lewis und Clarke, ist eine uralte; in großflächigen Quellenverweisen (die auch den schwarzen Toby und die Zauberklippen einschließen) hat sie selbstredend Eingang in den editorischen Anhang der Walterschen Poe-Ausgabe gefunden, und das beruht wahrhaftig nicht auf Schmidtschem Scharfsinn. Poe macht nämlich gar nicht erst den Versuch, seine Quelle zu verschleiern, sondern legt sie faktisch selbst offen durch die Herausgeberfiktion, in die das fiktive Rodman-Tagebuch eingebettet ist. Die „ewig denkwürdige Expedition der Captains Lewis & Clarke"[32] wird von Poes fiktivem Herausgeber in seiner Einleitung fünf Mal, in zusammenfassenden Texteinschüben zwei Mal und in Fußnoten zum Text drei Mal

---

31 Ebd., S. 280 lu.

32 Edgar Allan Poe, *Das Tagebuch des Julius Rodman. Ein Bericht von der ersten Durchquerung der Rocky Mountains von Nordamerika, die der zivilisierten Menschheit je gelungen ist*, üb. v. Arno Schmidt, in *Der Fall der Hauses Ascher*, a.a.O., S. 107-214, hier S. 118.

explizit benannt. So wird beispielsweise im Text einmal eine „eingehende Beschreibung“ eigens mit dem Hinweis versehen, daß sie „in allen Einzelheiten mit der von Lewis & Clarke übereinstimmt“[33], und als im Text ein Indianerführer erwähnt wird, fügt Poe eine Fußnote an: „Der Häuptling Waukerassah findet sich auch bei Lewis & Clarke erwähnt, denen er ebenfalls seine Aufwartung machte.“[34] Man kann also gewiß nicht behaupten, daß Poe seine Vorlage vertuscht oder verheimlicht hätte; vielmehr kann man das Ganze auch als intellektuelles Spiel mit offensichtlichem Fake-Charakter begreifen. Poe schreibt Lewis und Clark großflächig ab, retuschiert die ganze Reise oberflächlich ein bißchen, verlegt sie fünfzehn Jahre nach vorne und behauptet im Vorwort munter, hier sei einer den Herren Lewis und Clark um eben jene fünfzehn Jahre zuvorgekommen: der Plagiator tut kühn und freiweg einfach mal so, als sei das Original in Wahrheit Plagiat. Sich so, wie Pagenstecher / Schmidt es tut, über die Entdeckung der Poeschen Quelle begeistern kann sich bei sotaner Lage der Dinge eigentlich nur jemand, für den das alles furchtbar neu ist. War es das für Schmidt?

Messwords, go!

Es gibt eine andere Stelle weiter hinten in *Zettel's Traum*, die zu denken gibt. Schmidt will sich hier ein weiteres Mal über den angeblich enormen Einfluß von Lewis und Clark und verwandten Reiseberichten auf die Literaturgeschichte verbreiten und sucht nach großen Namen, die ihm freilich nicht hinreichend zur Hand sind. Also verfällt er auf die Kunst der absichtlichen Irreführung. „Ihr macht Euch nich=entfernt ne Art von Begriff:

---

[33] Ebd., S. 156.
[34] Ebd., S. 188.

was=für SchatzHäus'chen hier liegn"[35], dekretiert Pagenstecher zur Tierwelt im wilden Westen, nennt als Beispiele Poe, Cooper, May, fängt auch an, Cooper zu zitieren, und schaltet dann um auf „Bd. xii, 2 [...]: 'LEWIS & CLARK mention a peculiarity, that I never thought of noticing, i.e. their bearing the testicles in separate bags, from 2 to 4 inches apart, pendant from the belly':? –!– : beneidnswerth! –"[36] Bei flüchtiger Lektüre muß man meinen, hier werde aus Cooper zitiert, doch dem ist nicht so, zumal die Bandangabe mit Coopers Werk in keinen vernünftigen Zusammenhang zu bringen ist. Schmidt & Pagenstecher zitieren hier, ohne das zu verraten, aus Band 12, Teilband 2 eines ganz anderen, nichtliterarischen Werkes: es handelt sich um die (nichtkomplett in Schmidts Nachlaßbibliothek vorhandenen) *Reports of Explorations and Surveys to Ascertain the most Practicable and Economical Route for a Railroad from the Mississippi River to the Pacific Ocean Made under the Direction of the Secretary of War, in 1853-1854*[37]. Die ganze Stelle in *Zettel's Traum* ist aus mehreren Gründen mysteriös, doch für unsere Zwecke reicht es, eine schlichte Frage zu stellen: Warum zitiert Schmidt die putzig-scheinpräzise (tatsächlich übrigens irrige) Beobachtung Meriwether Lewis' zur Anatomie des Grizzlybären nur aus zweiter Hand und nicht direkt nach der Originalquelle? Die Antwort, eigentlich ebenso schlicht, lautet: Weil Schmidt das Original, also die Tagebücher von Lewis und Clark, wohl nicht mehr zur Verfügung hatte. Hatte er sie denn wohl je?

---

35 Schmidt, *Zettel's Traum*, a.a.O., S. 680 mm.

36 Ebd., S. 680 mu.

37 Komplette bibliographische Angaben bei Gätjens / Jürgensmeier, *Die Bibliothek Arno Schmidts*, a.a.O., Nr. 933; Schmidt besaß die Bände 4-6 und 12 (letzterer besteht als einziger aus zwei Teilbänden).

Und das ist nun wirklich erstaunlich: obwohl sich in Schmidts Nachlaßbibliothek etliche einschlägige Reiseberichte über die westlichen Gebiete Nordamerikas finden[38], fehlt von Lewis und Clark jede Spur. Schmidt besaß deren Tagebücher nicht, weder die beiden Ausgaben, die in *Zettel's Traum* genannt werden – die von Biddle 1814 vorgelegte stark redigierte und interpolierte, orthographisch normierte Auswahl[39] und die ungleich

[38] Vgl. ebd., Nr. 915.2-5 (Gerstäcker), Nr. 927.1-2 (Möllhausen), Nr. 932 (Parkman), Nr. 938 (Prinz Maximilian zu Wied-Neuwied), Nr. 939.1 (Zimmermann); außerdem Nr. 546.2 (Washington Irving, *Astoria*).

[39] Vgl. Schmidt, *Zettel's Traum*, a.a.O., S. 280 lu: „allerdings in der 2=bändigen Ausgabe von BIDDLE & ALLEN; (ab 1814 ne ganze Anzahl Auflagn)". Gemeint ist mit der letztgenannten Angabe die erste ‚Ausgabe' überhaupt, nämlich die *History of the Expedition under the Command of Captains Lewis and Clarke [sic] to the Sources of the Missouri, thence across the Rocky Mountains and down the River Columbia to the Pacific Ocean. Performed during the Years 1804-5-6*, 2 Bde. (Philadelphia: Bradford and Inskeep 1914), die von Nicholas Biddle erstellt worden war, aber (da Biddle seinen Namen aus gesellschaftlichen Rücksichten nicht genannt wissen wollte) in der Erstausgabe unter der Scheinherausgeberschaft von Paul Allen erschien. Diese Fassung wird üblicherweise als Biddle-Ausgabe bezeichnet; wenn Schmidt ausdrücklich von der „2=bändigen Ausgabe von BIDDLE & ALLEN" spricht, so schließt er die Lewis-und-Clark-Edition klammheimlich an die Poe-Edition an, die er für *Zettel's Traum* fingiert. Vgl. Arno Schmidt, „– zettel 1331 –" [entstanden 19.2.1969], in *Von Arnheim zu Zettel's Traum. Begleitheft der dritten Ausstellung der Arno Schmidt Stiftung in Bargfeld, 1990/91* (Bargfeld: Arno Schmidt Stiftung 1990), S. 23: „Im Text habe Ich eine, alles=enthaltende, 1=bändige Ausgabe erfinden müssen, und diese, der Anknüpfungsmöglichkeit halber, 'den ALLEN' genannt". Hintergrund der Namenswahl ist offenbar der Poe-Biograph Hervey Allen. – Die Biddle-Edition ist die einzige Fassung der Tagebücher von Lewis und Clark, die zu Lebzeiten von Poe (und auch von Cooper, der daraus Details für seinen Roman *The Prairie* entnahm) zugänglich war; Poe und

umfänglichere, orthographisch naturbelassene Ausgabe von Thwaites, die 1904/05 in acht Bänden erschien und 1959 nachgedruckt wurde[40] – noch eine sonstige Teil- oder Auswahledition. Und wenngleich Besitz bekanntlich nicht alles ist, spricht bei Ansehen einiger Begleitumstände der Schmidtschen Bezüge auf Lewis und Clark doch allerlei dafür, daß Schmidt die Journale jener denkwürdigen Entdeckungsreise nie auch nur in der Hand gehalten und es deshalb gar nicht aus eigener Lektüre gekannt hat, das „Gemisch aus Windespfeifen & Grasgewischel; das, wer es einmal vernommen hat, nicht mehr missen möchte.“ Wie schon erwähnt, beschränkt sich das von Schmidt in *Zettel's Traum* vorgelegte Material zum hier interessierenden Plagiatsvorwurf auf zwei knapp anzitierte Stellen, die sich (tendenziell durchaus umfänglicher) auch in Kuno Schuhmanns Anmerkungen zur Walterschen Poe-Ausgabe finden. Nun sind strenggenommen auch Schuhmanns Anmerkungen samt und sonders Plagiat, denn der gelehrte Anglist hat all das nicht selbst eruiert, sondern faßt (zu seiner Ehrenrettung sei gesagt: unter Quellennennung) bloß zusammen, was er einem Aufsatz Polly Pearl Crawfords aus dem Jahre 1932 entnommen hat, in dem die wesentlichen Parallelen zwischen dem Journal der Entdecker und Poes *Rodman* synoptisch

---

Cooper haben folglich von der Rechtschreibschwäche der beiden Forschungsreisenden, die Schmidt so begeisterte, gar nichts gewußt.

40 Vgl. Schmidt, *Zettel's Traum*, a.a.O., S. 280 rm: „8 Bände; New York,19o4-o5“; gemeint ist Reuben Gold Thwaites (Hg.), *Original Journals of the Lewis and Clark Expedition, 1804-1806*, 8 Bde. (New York: Dodd Mead & Co. 1904 f.); neben dem Nachdruck von 1959, den Kuno Schuhmann bei der Annotation von Poes *Julius Rodman* benutzt, gibt es sinnigerweise auch noch einen weiteren Reprint, der 1969 – als Schmidt die Arbeit an *Zettel's Traum* abschloß – in New York in einem Verlag mit dem höchst passenden Namen Arno Press erschien.

vorgeführt werden.[41] Unter anderem findet sich hier das Vorbild für Poes schwarzhäutigen Toby belegt, und umfänglich werden natürlich auch die „Zauberklippen“ in beiden Fassungen verglichen. Unsere Arbeitsthese könnte also lauten: Schmidt hat die Tagebücher der Expedition nie gelesen, aber von Schuhmann den Crawford-Aufsatz bekommen und sich daraus flink ein paar Zitate notiert, die er strategisch über den Text von *Zettel's Traum* verteilt hat. Denn obschon Schmidt an nicht weniger als zwanzig Stellen von *Zettel's Traum* aus dem Text der Tagebücher zitiert, handelt es sich doch in den allermeisten Fällen um ausgesprochene Kleinstzitate (von Dreiwortformulierungen bis zu schlichten Aussagesätzen), die ziemlich nach Sekundärzitat schmecken. Können wir Schmidt mal wieder als Scharlatan enttarnen?

---

[41] Vgl. Polly Pearl Crawford, „Lewis and Clark's Expedition as a Source for Poe's 'Journal of Julius Rodman'“, in *Texas University Studies in English* 12 (1932), S. 158-170. Crawfords Analyse zufolge sind über 400 Zeilen des Poe-Textes kaum veränderte Plagiate aus der Biddle-Ausgabe, der Rest besteht zu weiten Teilen aus Paraphrasen der Tagebücher von Lewis und Clark. Im einzelnen lassen sich folgende Elemente von Poes Erzählung auf Details der Expedition von Lewis und Clark zurückführen: Kapitel II: Petite Côte / Tavern Cave / Diable Rapid / ein schwarzhäutiges Expeditionsmitglied / Verteilung der Ladung im Boot / Tod eines Expeditionsmitglieds; Kapitel III: Rast am River Platte / Oto-Dörfer / Council Bluffs / Warnung vor den Sioux; Kapitel IV: Erläuterung verschiedener Sioux-Stämme / Great Bend / eine absackende Sandbarre / Wildreichtum / Probleme mit den Sioux; Kapitel V: Geschichte der Mandans / Besuch des Häuptlings Waukerassah / Biber am Fluß / schroffe Hügel am sich schlängelnden Fluß / ertrunkene Büffel / Erstaunen der Indianer über den Schwarzen; Kapitel VI: seltsame Klippen / Unsicherheit an der Flußgabelung / Anlegung eines Depots / Aufeinandertreffen mit Bären. – Mein Dank für die Besorgung des Aufsatzes von Crawford (und für befruchtende Gespräche) geht an Uwe Schwagmeier.

Backward, Woe!

Am 4. Juni 1805 kam der Expeditionstrupp an eine überraschende Flußgabelung; zwei gleich mächtige Zuströme des Missouri ließen durchaus fraglich erscheinen, welches der aus den Rocky Mountains kommende ‚eigentliche' Quellfluß war. Der Großteil der Mannschaft favorisierte den nördlicheren Zufluß, der nämlich echtes ‚muddy water' war: ein trübes Wasser, wie ihn der Missouri führt. Lewis und Clark hielten den südlicheren Zufluß für den richtigen, weil sie meinten, aus den Bergen komme wohl eher klares Wasser. Natürlich mußte die Probe aufs Exempel her; mühselig schleppte sich ein Teil des Expeditionstrupps den Schmuddelzufluß hinauf und suchte nach den Wasserfällen am Flußlauf, von denen Indianer berichtet hatten. Fündig wurden sie nicht, und so blieb ihnen nichts übrig, als umzukehren.

An meiner Gabelung habe auch ich mich fürs trübe Wasser entschieden und bin zunächst der These nachgepaddelt, Schmidt habe den Expeditionsbericht bloß aus zweiter Hand gekannt. Nun finde ich den Wasserfall nicht: in dem Aufsatz von Crawford kommen nämlich die allermeisten der von Schmidt in *Zettel's Traum* zitierten Textschnipsel gar nicht vor. Und was vielleicht noch schlimmer ist: Crawford zitiert Lewis und Clark nach der Erstausgabe von 1814, und das bedeutet, daß sie alle Textzitate in verfälschter, nämlich normierter Rechtschreibung bietet. Damit ist klar: die Textkenntnis, die Schmidt hatte, stammt auf gar keinen Fall von Crawford.

Treten wir also den geordneten Rückzug an. Wer von Beginn an das Klarwasser favorisierte, liegt richtig, und der klarste aller Hinweise findet sich im Briefwechsel zwischen Schmidt und Kuno Schuhmann. Am 10. August 1964 nämlich verschickt Schuhmann an Schmidt laut Begleitschreiben „die 2 Ausgaben von Lewis & Clark, die wir hier im Seminar haben."[42] Dies also allen, die aus dem Bibliotheksverzeichnis voreilige Schlüsse ziehen wollen, zur dauerhaften Lehre. Schmidt schickt freilich beide Ausgaben dann bereits am 17. August wieder zurück; er muß in dieser Woche sehr schnell sehr viel in den Bänden gelesen haben, und er muß sich allerlei dabei notiert haben.

Freilich bleibt immer noch unklar, wieviel Schmidt denn nun wirklich zur Kenntnis genommen hat. Um das zu klären, müssen wir uns schon aufs Fliegenbeinzählen besinnen; im folgenden gebe ich zu den in *Zettel's Traum* gebrachten Zitaten die Quellen, soweit ich sie eruieren konnte:

ZT 23 rm: „a jentle brease": So William Clark am 14. Mai 1804: eine der meistzitierten Stellen, da sie den eigentlichen Aufbruch der Expedition beschreibt.

ZT 28 ru: „a stout peice of poerk. L & C": Nicht zu identifizieren. Vielleicht erinnert sich Schmidt an „a small peice of pork" (Lewis am 12.8.05).

ZT 46 lu: „LEWIS & CLARKE: 'He had provided himself with about 9 feet of the small guts, one end of which he was chewing on, while with his hands he was squeezing the contents out at the other!'": So Lewis am 16.8.05; Schmidt gibt die zwei Kommas zu, zitiert ansonsten korrekt.

ZT 72 lo: „W gab das signal of the robe." Die Stelle bezieht sich auf Lewis' Erläuterung des „signal of friendship" am 11.8.05.

ZT 170 lm: „'too female savages'; LEWIS & CLARKE": Lewis erwähnt am 13.8.05 „three female savages."

---

[42] Brief im Archiv der Arno Schmidt Stiftung, Bargfeld. Bernd Rauschenbach sei bedankt für die Mitteilung und überhaupt. Das im Brief gemeinte Seminar ist das Englische Seminar der Uni Frankfurt.

ZT 230 mu: „: ‘abundance of volves’. ‘A large volve, much the widest I had ever seen.’ ‘Vast assemblage of volves, lolling about on the banks’. ‘Found a litter of young volves during my walk’. Ja,: ‘as Hungary as a volve’!”: Schmidt zitiert möglicherweise aus dem Gedächtnis und deswegen ungenau. Lewis am 14.5.05: „a large woolf, much the whitest I had seen“; Lewis am 14.7.06: „the wolves are in great numbers howling arround us and loling about in the plains“; Lewis am 15.8.05: „as hungary as a wolf.“ Falsche Schreibweisen für den Wolf kommen nur selten vor – und wenn, dann zumeist „woolf“ und niemals „volve“.

ZT 247 lu: „‘Sacagawea’, the Bird=Woman: war LEWIS & CLARKE ‘interpreter, guide and peacemaker’ gewesn“: Lewis am 20.5.05: „this stream we called Sah-ca-ger we-ah (Sah ca gah we a) or bird woman’s River“; der Rest so nicht zu identifizieren.

ZT 280 lm: „‘those Indians were much astonished at my Servent: they never saw a black Man before; [...] they seemed quite as anxious, to see this monster!’“: Schmidt schneidet zwei Stellen zusammen, nämlich Clarks Tagebucheintrag am 10.10.04 und Lewis’ Eintrag am 16.8.05. Polly Pearl Crawford verweist auf diese beiden sowie eine dritte Stelle, zitiert jedoch nur letztere; Schuhmann in seinen Poe-Anmerkungen schreibt Crawfords Stellenangaben ab.[43]

ZT 285 ru / 286 ro: „‘The hills & river cliffs which we passed today [...] did not the less remind us of

[43] Vgl. Crawford, „Lewis and Clark’s Expedition as a Source for Poe’s ‘Journal of Julius Rodman’“, a.a.O., S. 167 f.; Schuhmann, editorische Anmerkungen, a.a.O., S. 424.

some of those large stone buildings in the U. States.'": Den ganzen langen Abschnitt notiert Lewis unter dem 31.5.05; ausgiebig (freilich nicht komplett) zitiert auch von Crawford und Schuhmann.[44]

ZT 286 lo: „L&C schreibm nun wirklich 'eligant' / 'toe=rope' (für 'to tow') / 'the wind luled & it Commns'd raining' / 'the Otteaus formerly lived here' / 'slipry' / 'the prickly pear is now in full blume' / 'two hunters ahead ...killed a white Wolf' / 'beavers...peeping out of their <u>wholes</u>.. large dams which they had maid'": Lewis am 31.5.05 u.ö.: „toe rope"; Clark am 21.7.04: „the wind luled and it Commnc'd raining"; Clark am 27.7.04 „The Ottoes formerly lived here"; Lewis am 4.8.05: „so slipry"; Lewis am 15.7.05: „the prickly pear is now in full blume"; Lewis am 21.9.04: „the two hunters ahead left [...] the skin of a white wolf"; Lewis am 6.5.05: „two beaver [...] saw numbers of these anamals peeping at us as we passed out of their wholes"; Lewis am 30.7.05: „saw a vast number of beaver in many large dams which they had maid in various bayoes of the river".

ZT 286 lu: „die rundn pebbles am Ufer, 'which resemble Cannon Balls' schreiben L&C.": So Clark am 18.10.04.

ZT 295 lu: „L&C haben 'which did not the less remind us'; [...] auch sind deren Nester bei L&C 'build with clay in a globular form, attached to the wall within those nitches'": Vgl. ZT 285 f.; genau

---

[44] Vgl. Crawford, „Lewis and Clark's Expedition as a Source for Poe's 'Journal of Julius Rodman'", a.a.O., S. 168 f.; Schuhmann, editorische Anmerkungen, a.a.O., S. 424.

diese beiden Details werden von Crawford und Schuhmann ausgelassen.

ZT 297 lm: „'if she (the Indian woman) has enough to eat & a faw trinkets to wear, I beleive, she would be perfucktly cuntent anywhere!'; L & C": Lewis am 28.7.05: „if she has enough to eat and a few trinkets to wear I beleive she would be perfectly content anywhere" – ein schönes Beispiel dafür, wie Schmidt die orthographischen Fehler von Lewis und Clark vorschiebt, um selbst an der Orthographie herumzuspielen.

ZT 299 lm: „'benanntn diesen engen Durchgang zu Ehren unseres Creeksministers'; L&C": Unter dem 18.7.05 berichten beide Expeditionsleiter von der Benennung eines Flusses nach Kriegsminister Henry Dearborn, allerdings nicht mit dem von Schmidt angegebenen Wortlaut.

ZT 501 ro: „'Forming the face: is a great ceremony between them', LEWIS & CLARKE": So nicht zu identifizieren; vermutlich bezieht sich Schmidt auf Lewis' Eintrag vom 23.8.05: „forming the sheild is a cerimony of great importance among them".

ZT 533 lu: „The Stinking Lake; (wie die Indianer das Meer nanntn)": Lewis am 20.8.05: „the great or stinking lake as they call the Ocean."

ZT 594 lm: „I felt a good deal so myself; LEWIS & CLARKE": So Lewis am 16.8.05.

ZT 680 mu: „Bd. xii, 2 [...]: 'LEWIS & CLARK mention a peculiarity, that I never thought of noticing, i.e. their bearing the testicles in separate bags, from 2 to 4 inches apart, pendant from the belly': ? –!– : beneidnswerth! –": So Lewis am 29.4.05; allerdings zitiert Schmidt, wie die Quellenangabe zeigt, nicht direkt aus den Tagebüchern von Lewis und Clark, sondern aus Band 12, Teilband 2 der (teilweise in Schmidts Nachlaßbibliothek vorhandenen) *Reports of Explorations and Surveys to Ascertain the most Practicable and Economical Route for a Railroad from the Mississippi River to the Pacific Ocean Made under the Direction of the Secretary of War, in 1853-1854.*

ZT 696 rm: „(:the faece of her cleft, & that was a leid cream=collar... (L&C))“: Nicht zu identifizieren.

ZT 744 mo: „(: ‘She began singing Indian, and giving around some breastlets which hung about her’; LEWIS & CLARKE; (:so iss der=Ihre OrtogrAffie!; (wie FW!))“: Ganz so doch nicht. Im Tagebuch des Expeditionsteilnehmers John Ordway (und weder bei Lewis noch bei Clark) findet sich unter dem 9. Oktober 1805 der Eintrag: „She began Singing Indian and to giving all around hir Some commass roots, and brasslets which hung about hir“.

ZT 774 mm: „(& looked as s$^{ou}/_{i}$rly as so many imps of Satt$^{urn}/_{an}$..:?–)“: So Lewis am 15.8.05 (mit leichten orthographischen Abweichungen).

Instruktiv an dieser Suche nach den Quellen sind die Daten, die dabei herauskommen. Wenn wir sie durchgehen, so fällt auf, daß sich die von Schmidt zitierten Stellen clusterartig um einige wenige Zentralpassagen herum gruppieren. Lewis und Clark begannen ihr eigentliches Tagebuch im Mai 1804 und beschlossen es im September 1806; Schmidt zitiert aber, wenn wir uns auf die eindeutig identifizierbaren Stellen beschränken, nur Einträge vom 14. Mai 1804, von September / Oktober 1804, von Ende Mai 1805 (mit dem Schwerpunkt 31.5.) und von Juli / August 1805 (mit dem Schwerpunkt 16.8.); außerdem einen Eintrag des Expeditionsteilnehmers Ordway vom 9.

Oktober 1805, bei dem noch zu klären bleibt, auf welchem Weg der zu Schmidt gelangt ist.

Nach Maßgabe dieser Ergebnisse unserer Quellensuche ist es extrem unwahrscheinlich, daß Schmidt eine der beiden ihm von Schuhmann besorgten Ausgaben der Journale komplett gelesen hat. Wie es scheint, hat er ein bißchen was vom Anfang gelesen und sich dann gezielt Stellen vorgenommen, auf die er von Schuhmann und / oder Crawford aufmerksam gemacht wurde: die Beschreibung der Späße des schwarzhäutigen Expeditionsteilnehmers (10.10.04 und 16.8.05) sowie die von Schmidt „Zauberklippen" genannten Steilufer im Osten des heutigen US-Staates Montana (31.5.05). Im Umfeld dieser Stellen liest Schmidt offenbar noch ein wenig herum (und einige marginale Zitate auf); den Rest der Journale hingegen scheint er gar nicht erst zur Kenntnis zu nehmen, und so stolpert er auch über die hübsche Beschreibung der Anatomie des Grizzlybären (anläßlich der Erlegung des ersten Exemplars am 29. April 1805) nicht im Text der Journale selbst, sondern zitiert sie, wie wir gesehen haben, auf dem Umweg über eine andere Publikation. Schmidt hat es also wahrscheinlich doch nur in homöopathischen Dosen genossen, das „Gemisch aus Windespfeifen & Grasgewischel; das, wer es einmal vernommen hat, nicht mehr missen möchte."

Läßt sich wenigstens klären, aus welchen Quellen genau diese homöopathischen Dosen stammen – welche Ausgaben also es waren, die Schmidt sich eine Woche lang von Schuhmann lieh? Welche Ausgaben 1964 im Anglistischen Seminar der Uni Frankfurt standen, ist leider nicht mehr zu ermitteln; es müßte sich aber um die Ausgaben handeln, die Schuhmann selbst für den editorischen Apparat der Walterschen Poe-Ausgabe benutzte. Dort werden ausgiebige Stellenverweise und -zitate aus der Biddle-Fassung beigebracht, allerdings zeigt sich bei genauer

Prüfung, daß es sich ausschließlich um Stellen handelt, die schon Polly Pearl Crawford in ihrem einschlägigen Aufsatz von 1932 aufführt: Schuhmann scheint die Biddle-Ausgabe also nicht selbst eingesehen zu haben. Hingegen bringt er aus einer Nachauflage der umfassenden Thwaites-Ausgabe etliche Informationen bei; es spricht deswegen viel dafür, daß eine der beiden von Schmidt konsultierten Ausgaben die Thwaites-Ausgabe war. Aber es war nicht diejenige, aus der er sich Textstellen exzerpiert hat; oder jedenfalls nicht die einzige!

In der (1904/05 erstmals erschienenen) Ausgabe von Thwaites ist nämlich nicht das Tagebuch des Expeditionsteilnehmers John Ordway enthalten, das erst nach Fertigstellung der Thwaites-Ausgabe aufgefunden und daraufhin separat veröffentlicht wurde; wie wir gesehen haben, zitiert Arno Schmidt aber in *Zettel's Traum* einen Eintrag aus Ordways Journal, und dies bringt uns auf die Spur der Textausgabe, die er wohl benutzt haben muß. Tagebucheinträge John Ordways (und zwar auch der fragliche vom 9. Oktober 1805) sind nämlich enthalten in einer Auswahlausgabe, die Bernard DeVoto 1953 veranstaltete[45]. In der Auswahl DeVotos finden sich *fast* alle Stellen, die ich oben als Quellen für Schmidts Kleinzitate in *Zettel's Traum* ermittelt habe (die eine Ausnahme ist der „large

---

[45] Vgl. Bernard DeVoto (Hg.), *The Journals of Lewis and Clark* (Boston: Houghton Mifflin 1953). Diese Ausgabe ist prinzipiell eine Auswahl aus der Thwaites-Edition; der Herausgeber erläutert freilich in seinem Vorwort: „In several passages I have interpolated entries from the journal of Private Joseph Whitehouse [...] and from that of Sergeant John Ordway. Biddle made use of both when writing his *History* but Ordway's had disappeared from view when Thwaites prepared his edition“ (S. ix). Der uns interessierende Eintrag Ordways vom 9. Oktober 1805 findet sich auf S. 245: „She began Singing Indian and to giving all around hir Some commass roots, and brasslets which hung about hir“.

woolf, much the whitest I had seen“ vom 14. Mai 1805, für den es eine andere Quelle oder aber eine von mir bislang übersehene zusätzliche Fundstelle an einem anderen Datum geben muß); wir dürfen getrost davon ausgehen, daß es die DeVoto-Kompilation ist, aus der Schmidts seine sehr ausschnitthafte Textkenntnis gewonnen hat.

Restward, Oh!

Schmidts bescheidene eigene Kenntnis der Tagebücher von Lewis und Clark erklärt wohl auch die eine oder andere drollige Fehleinschätzung. Nicht etwa das inhaltliche, sondern ausdrücklich das sprachliche Interesse veranlaßt Schmidt zu dem Ausruf: „s'ss ein dolles=Buch: dás=mal, 'con'=genial, ins Deutsche übersetzt! (Zeit würz allmählich.)“[46] Sinnigerweise wurde tatsächlich wenige Jahre nach dem Erscheinen von *Zettel's Traum* eine frühe deutschsprachige Ausgabe von Expeditionsjournalen nachgedruckt, bei der es sich allerdings (was in der Ausgabe weitestgehend verheimlicht wird) nicht um Tagebuchauszüge der beiden Expeditionsleiter, sondern um das Tagebuch des Expeditionsteilnehmers Patrick Gass handelt[47]. Der Einfall, Lewis und Clark ihrer Orthographie

---

[46] Schmidt, *Zettel's Traum*, a.a.O., S. 231 mo.

[47] Vgl. Meriwether Lewis / William Clarke, *Tagebuch einer Entdeckungsreise durch Nordamerika von der Mündung des Missouri an bis zum Einfluß des Columbia in den Stillen Ozean. Gemacht in den Jahren 1804, 1805 und 1806 auf Befehl der Regierung der Vereinigten Staaten von den beiden Capitäns Lewis und Clarke*, üb. [aus dem Französischen] v. Ph. Ch. Weyland (Weimar: Landes-Industrie-Comptoir 1814; Reprints Köln: German-American Pioneer Society 1974; München: Borowsky o.J.; Wyk auf Föhr: Verlag für Amerikanistik 1998). Das (stark redigierte) Expeditionstagebuch erschien auch in Amerika bereits einige Jahre vor der ersten (Biddle-) Ausgabe der Tagebücher Lewis' und Clarks selbst.

wegen übersetzen zu wollen, ist freilich deswegen ein wenig abwegig, weil es sich bei den Stillauffälligkeiten der beiden Forschungsreisenden eben nicht um willentliche Varianten handelt, die mit speziellen Wirkungsabsichten versehen wären, sondern um Normabweichungen aufgrund mangelnder Kenntnisse. Es ist schon schwer genug, kunstvoll nachgeahmte Sprachdefekte zu übertragen (man denke nur an die Briefe der Winifred Jenkins in Smolletts *Humphry Clinker*); fast unmöglich aber ist es, einen authentischen Sprachdefekt in einer anderen Sprache nachzubilden. Was hieße in dem Fall „‘con’=genial“? Hieße das nicht, der Übersetzer müßte Legastheniker sein? Der Übersetzer, der sich dann doch noch an das Werk getraut hat, ist kein Legastheniker, und das erklärt womöglich die liebe Not, die er bei der Arbeit hatte[48].

Allerdings bemüht sich Schmidt in *Zettel's Traum* (und auch zuvor schon in „Das Buch Jedermann“) ja auch, die Grenzlinie zwischen den versehentlichen Fehlschreibungen der Herren Lewis und Clark und den absichtlichen orthographischen Eskapaden kunstfertigerer Autoren geschickt zu überspielen. Die Fehlschreibung „‘ei’ für ‘ie’“ beispielsweise sei „im ältern Englisch nich seltn: die BRONTE's; LEWIS & CLARKE“[49]. Die Gipfelleistung solcher Paarungsversuche stellt aber natürlich die Nen-

---

[48] Vgl. Meriwether Lewis & William Clark, *Tagebuch der ersten Expedition zu den Quellen des Missouri, sodann über die Rocky Mountains zur Mündung des Columbia in den Pazifik und zurück, vollbracht in den Jahren 1804-1806*, ausgew., üb. u. hg. v. Friedhelm Rathjen (Frankfurt a.M.: Zweitausendeins 2003).

[49] Schmidt, *Zettel's Traum*, a.a.O., S. 1243 lu. Kurioserweise tauchen Schreibungen wie „a similar peice“, „I beleive“, „so freindly“ oder „the Cheif“ fast nur bei Lewis auf; Clark hingegen, eigentlich der orthographisch unsicherere von beiden, schreibt solche Begriffe fast immer korrekt und läßt sich erst gegen Ende der Expedition ein wenig von Lewis anstecken.

nung in einem Atemzug mit James Joyce dar: „die Kerls (LEWIS & CLARKE) haben zuweilen ein Englisch geschrieben, wie FW!“[50] Man darf davon ausgehen, daß solche Formulierungen ihre ganz spezielle Funktion haben in *Zettel's Traum*, einem Buch, in dem es ja auch darum geht, Edgar Allan Poe als Dichterpriester zu outen und ihm als schätzenswerteren Autorentypus den Etymbeherrscher gegenüberzustellen, den Schmidt in niemandem deutlicher erkennt als in James Joyce.

Durchgängig in *Zettel's Traum* wird Joyce als implizites Gegenbild zu Poe aufgebaut. Kein Autor außer Poe kommt in *Zettel's Traum* häufiger vor als Joyce (der namentlich alle anderen Schriftsteller des 20. Jahrhunderts um Riesenlängen hinter sich läßt[51]); und kein Autor wird in *Zettel's Traum* von Schmidts alter ego Daniel Pagenstecher so durchgängig gelobt wie Joyce. Ein Problem freilich bietet die kontrastierende Parallelführung Poe / Joyce: die beiden Autoren sind zeitlich wie ästhetisch zu weit voneinander entfernt. Es fehlt der Rahmen eines gemeinsamen Kontextes, vor dessen Hintergrund die zu beobachtenden Differenzen im Speziellen erst aussagekräftig werden. Schmidt mußte deswegen sehr daran gelegen sein, so etwas wie Joyce-Vertreter im Poe-Umfeld aufzutreiben: Autoren, die historisch nicht allzu weit von Poe entfernt sind, deren Werk mit dem Poeschen in einem ursächlichen Zusammenhang steht und die dennoch die etymistische Schreibweise, wie Schmidt sie bei Joyce sah, zumindest in Ansätzen vorwegnahmen. Genau solche Autoren fand Schmidt in Lewis und Clark, die in Thema

---

[50] Ebd., S. 23 rm.

[51] Vgl. dazu auch Friedhelm Rathjen, „Zettel's Charts. Die Top 40 der Moderne in ‚Zettel's Traum'“, in Jörg Drews u. Doris Plöschberger (Hg.), *„Des Dichters Aug' in feinem Wahnwitz rollend...“ Dokumente und Studien zu „Zettel's Traum“* (München: edition text + kritik 2001), S. 261-277.

und Textorganisation ganz der Welt Poes angehören, das alles aber verblenden mit einer „OrtogrAffie [...] wie FW!“[52] Lewis und Clark sind der einzige handgreifliche Konnex zwischen Poe und Joyce, der Schmidt für seine speziellen Zwecke zur Verfügung stand.

Dies berücksichtigt, ist es eigentlich verwunderlich, daß Schmidt die Verwandtschaft zwischen Lewis und Clark auf der einen und Joyce auf der anderen Seite nicht noch mehr betont: diese Verwandtschaft wird in *Zettel's Traum* nur zweimal en passant erwähnt, und selbst der für Schmidts Verhältnisse eher verhaltene Hinweis, das Expeditionsjournal sei „eine der nützlichsten Vor=Schulungen zum FINNEGAN“[53], steht zwar im Joyce-Essay „Das Buch Jedermann“, wird aber in *Zettel's Traum* nicht wiederholt. Man hätte erwarten können, Schmidt würde seiner sonst stets an den Tag gelegten Gewohnheit folgen, wenig bekannte Texte zu ‚Anregern‘ namhafter Werke auszurufen; wäre es da nicht typisch Schmidt gewesen, den Bericht von Lewis und Clark zum geheimen „Lieblingsbuch“ nicht nur „des immer noch größten=amerikanischen Dichters, EDGAR ALLAN POE“[54], sondern auch des größten modernen Autors überhaupt auszurufen? Aber das tat er nicht, nicht einmal ansatzweise; selbst die unverfängliche Vermutung, daß Joyce seinen vermeintlichen Vorläufer „gekannt habm müßte, (wenn's nich fast unmöglich wäre)“[55], wird im Falle Lewis und Clarke nicht

---

52 Schmidt, *Zettel's Traum*, a.a.O., S. 744 mo.

53 Schmidt, „Das Buch Jedermann“, a.a.O., S. 253.

54 Ebd., S. 253 f.

55 Arno Schmidt, *Abend mit Goldrand. eine MärchenPosse. 55 Bilder aus der $L^{ä}/_{E}$ndlichkeit für Gönner der VerschreibKunst*, = Bargfelder Ausgabe, Bd. IV/ 3 (Zürich: Haffmans 1993), S. 249. – Hier gemünzt auf Fischart, bei dem der Gedanke zugegebenermaßen auch etwas näher liegt. Schon beim Erscheinen von *Finnegans Wake* hat kein geringerer als Jorge Luis Borges auf Fischarts Werk

geäußert. Warum agiert Schmidt so ungewohnt zurückhaltend und betont die Joyce-Stellvertreterschaft, die den Herren Lewis und Clark de facto zukommt, nicht stärker?

Vielleicht hängt das damit zusammen, daß Lewis und Clark natürlich doch nicht wirklich in das Bild passen, das Schmidt vom Anti-DP und wortgewaltigen Etymarbeiter zeichnet. Schmidt / Pagenstecher beharrt zwar darauf, daß die „Schreibweise bei L&C zum unschätzbarsten Etym=Indiz wird“[56], weiß aber wohl doch nur zu gut, daß das alles nicht Ergebnis bewußter Formung sein kann, sondern auf einem (und sei es auch noch so faszinierenden) Defekt beruht. Zwar äußert Schmidt nirgendwo auch nur das geringste abfällige Wort über Lewis und Clark, aber die Vorwürfe, die er aus anderen Anlässen gegen Tagebücher und ähnliche „einfältig=flink hinzuschmirakelnde Primitiv=Formen der Prosa“[57] in Anschlag bringt, schließen Expeditionsjournale selbstredend nicht aus. Zudem erfüllen Lewis und Clark nicht einmal die Mindestanforderung an einen Beherrscher der etymproduzierenden vierten Instanz, 45 Jahre oder älter zu sein: Meriwether Lewis nahm sich 1809 35jährig das Leben; William Clark (Jahrgang 1770) war ebenfalls noch weit unter 40,

---

als möglichen Prätext hingewiesen. Vgl. Jorge Luis Borges, „Joyce y los neologismos“, in *Sur*, IX. Jg. (1939), No. 62: unter den Vergleichsautoren nennt er nicht nur z.B. Edward Lear und Lewis Carroll, sondern eben auch „Fischart, cunya versión del primer libro de Rabelais - año de 1575 - desaforadamente se llama *Naupengeheurliche Geschichtklitterung* y también *Affentheuerliche Geschichtschrift.* [...] Fischart, en su *Legend vom Ursprung des abgeführten, gevierten, vierhörnigen und viereckechten Hütleins* - año de 1580 - apoda a los jesuitas *vierdächtig (vier Dächer + verdächtig).*“ – Trotz emsiger Suche hat übrigens bisher niemand auch nur das geringste Indiz dafür beibringen können, daß Joyce Fischart tatsächlich gekannt hätte.

56 Schmidt, *Zettel's Traum*, a.a.O., S. 286 lm.

57 Schmidt, „Eines Hähers »: Tué!« und 1014 fallend“, a.a.O., S. 395.

als er seine Arbeit an den Tagebüchern abschloß. Hätte Schmidt die Rolle von Lewis und Clark als präjoyceschem Poe-Gegenbild stärker betont, so wäre wohl selbst dem allervernageltsten *Zettel's-Traum*-Leser aufgegangen, daß da etwas nicht stimmt.

Also argumentiert Schmidt diffiziler. Zwar betont er, „daß LEWIS & CLARKE [...] sich einer Schreib=weise befleißijn, vermittelst deren immerfort & vicariierend, Etyms eingeschmuggelt werden“[58], aber diese Formulierung läßt mit Bedacht offen, ob der Schmuggel bewußt oder unbewußt passiert. Eigentlich war Schmidt das aber womöglich auch egal; eigentlich interessierte er sich bei Lewis und Clark nicht im mindesten für produktionsästhetische, sondern bloß für wirkungsästhetische Fragen: wie konnte das Expeditionsjournal bei Poe fortzeugend tätig werden? Schmidt wollte herausfinden, warum für Poe „diese spezielle Bildlichkeit so=anregend war, daß Er sich über die Eigentums=Schranke hinwegsetzte.“[59] Ergebnis seiner Überlegungen: der orthographisch verzerrte Text der Expeditionstagebücher „schwappt förmlich über von Etyms“[60], die Poe so sehr an- und aufregen, daß sie sich „im psychischen Terrain des eignen Werkes abzubildn“[61] beginnen. Es geht also darum, daß jede orthographische Normabweichung, ob bewußt oder unbewußt oder zufällig entstanden, beim Lesen einen Stimulus bewirkt. Dieser Stimulus sorgt dafür, daß „S=Stau & Wort=Zentrum einander superhetisch=steigern“ und die Etyms den mit kreativem Vermögen ausgerüsteten Leser „durch Furstellungsdickichte hetzen.“[62] Diesem ganzen Konzept ist

---

[58] Schmidt, *Zettel's Traum*, a.a.O., S. 230 mu.
[59] Ebd., S. 295 lo.
[60] Ebd., S. 295 lm.
[61] Ebd., S. 285 lu.
[62] Ebd., S. 285 mu.

allerdings (von Schmidt nirgendwo zur Sprache gebracht) ein Problem inhärent, das sich ohne die Etymtheorie gar nicht, mit ihr aber auch nur zum Teil lösen läßt. Das Problem lautet: warum können blanke Zufälligkeiten ästhetische Lust bewirken? Arno Schmidt schätzte den Zufall als Mitarbeiter des Künstlers bekanntlich gar nicht; er war der Meinung, alles müsse seine Rechtfertigung haben, sonst tauge es nichts. Mit der Etymtheorie konnte er manchen nur scheinbaren Zufall zum Symptom einer untergründigen Zwangsläufigkeit umdeuten: alles hat seine Ursache, nichts ist Zufall. Erklärbar als logische Folge psychischer Verfaßtheiten war damit die Wirkung von Lewis und Clark auf Poe beziehungsweise, genauer, die Rezeption von Lewis und Clark durch Poe: Poe selbst wurde durch etymistisch fruchtbare Reize in den Journalen veranlaßt, seine eigenen unterschwelligen Vorstellungen gleichsam in diese Journale hineinzukippen und anschließend, mehr oder weniger stark überformt, wieder herauszuholen. Die Theorie, daß ästhetische Wirkung so abläuft, muß man nicht notgedrungen teilen, aber sie hat ihre Logik. Bloß: anders als bei Poe selbst, anders auch als bei May, Stifter und anderen scheitert die Etymtheorie bei Lewis und Clark, wenn es darum geht, produktionsästhetisch etwas zu erklären. Lewis und Clark schrieben nicht falsch, weil sie Etymbeherrscher waren wie Joyce oder Schmidt; sie schrieben auch nicht falsch, weil sie Etymopfer waren wie Poe; sie schrieben schlicht und einfach falsch, weil sie nicht richtig schreiben konnten. Die Zufälligkeiten, die in den Tagebüchern von Lewis und Clark stecken, bleiben Zufälligkeiten: sie lassen sich auch mit dem Instrumentarium der Schmidtschen Etymtheorie nicht erklären. Das Geheimnis von Lewis und Clark blieb Arno Schmidt zwangsläufig verschlossen; kein Höllenschlüssel hätte Abhilfe schaffen können. Eben deshalb konnte Schmidt einzelne Zitate aus den Expeditionsjournalen zwar instrumentalisieren, wenn es darum ging, etwas mit Poe anzufangen – aber um etwas mit Lewis und Clark selbst anzufangen, fehlte Arno Schmidt nicht nur die Textgrundlage, sondern auch jedes Mittel. Ein Buch, dessen Faszinationskraft nur von kunstlos aneinandergereihten akzidentiellen und arbiträren, also willkürlichen Details herrührte: das mußte für den erklärungs- und rechtfertigungssüchtigen Schmidt eigentlich das Schlimmste sein, was es gab. Kein Wunder, daß er sich nach der Fertigstellung von *Zettel's Traum* nie mehr um Lewis und Clark gekümmert hat – der einzige Reflex auf deren Tagebücher, der sich bei Schmidt nach 1970 noch finden läßt, ist eine etwas mysteriöse Textstelle in *Abend mit Goldrand*, an der es von Olmers heißt, er schaue „gerührt ins Gelobte Land: ›Hot springs at Source of Lou Lou Fork, Bitter Root Mountains, looking South‹“[63]; bei der als Zitat markierten englischen Formulierung handelt es sich um die Bildunterschrift zu einer Lithographie von John M. Stanley, die eine Reiseetappe der Expedition von Lewis und Clark zeigt. Schmidt kannte Bild und Legende sehr wahrscheinlich aus jenen *Reports of Explorations and Surveys to Ascertain the most Practicable and Economical Route for a Railroad from the Mississippi River to the Pacific Ocean Made under the Direction of the Secretary of War, in 1853-1854*, denen er schon sein in *Zettel's Traum* verwendetes Lewis-und-Clark-Zitat zur anatomischen Besonderheit des Grizzlybären entnommen hatte; ungewiß ist, ob er sich bei der Arbeit an *Abend mit Goldrand* noch der Tatsache bewußt war, daß die Abbildung im Konnex seiner geliebten Windespfeifer und Grasgewischler stand.[64]

---

[63] Schmidt, *Abend mit Goldrand*, a.a.O., S. 139.

[64] John M. Stanley, *Hot Springs at Source of Lou Lou Fork, Bitter Root Mountains, Looking West*, Farblithographie, um 1860; Tafel

Schon in *Zettel's Traum* selbst brechen die Lewis-und-Clark-Belegstellen auf der Seite 774 urplötzlich ab (ein einziger Rückfall findet sich auf der Seite 1243). Woran liegt das? Es wäre zu schön, könnte auch das Zufall sein; nicht auszuschließen aber ist, daß Schmidt es nach dem Erscheinen des zweiten Bandes der Poe-Werkausgabe im Walter-Verlag (Ende 1967) für nicht mehr geboten hielt, noch weiter mit der ‚Entdeckung' Lewis' und Clarks als Poe-Quelle zu protzen: in jenem Band, in dem Schmidts *Rodman*-Übersetzung abgedruckt ist, teilt Herausgeber Kuno Schuhmann immerhin in aller Ausführlichkeit jenes ‚Geheimnis' mit und versäumt auch nicht, darauf hinzuweisen, daß es sich ja doch um ausgesprochen olle Kamellen handelt. Schmidts eigene editorische Leistung, soweit sie dem Poe-Band abzulesen ist, beschränkt sich darauf, daß er Poes Benennung „des großen Stroms Aregan" die Fußnote beigibt: „Heute Columbia=River. – A. d. Ü."[65] Diese Fußnote ist nicht nur ausgesprochen schlaumeierisch, sondern auch mehr als entbehrlich, hat doch Poe selbst weiter vorn im Text schon erklärt: „der Columbia River (damals noch Oregon genannt)"[66]. Mit Lewis und Clark und ihrer Verortung durch Poe kam der literarische Erzentdecker Arno Schmidt auf keinen grünen Zweig, ganz einfach, weil es hier nichts mehr zu entdecken gab. Schmidt blieb auf kartiertem Terrain, er hatte dieses unschätzbare Unglück.

LVIII aus dem „Report of the United States Pacific Railroad Expedition and Surveys (USPRR) – 47th and 49th Parallels".

[65] Poe, *Das Tagebuch des Julius Rodman*, a.a.O., S. 204.

[66] Ebd., S. 114.

Rowohlts Beste?
Papas Früchtchen:
James Thurber, Betty Mac Donald

In jenen Jahren von 1948 bis 1955, als Schmidt Autor und Übersetzer des Rowohlt-Verlags war, bekam er das komplette rororo-Taschenbuchprogramm und einen nicht genau zu quantifizierenden, aber offensichtlich doch beträchtlichen Teil der übrigen Rowohlt-Neuerscheinungen sofort nach Veröffentlichung zugesandt – insgesamt dürfte es sich bei vorsichtiger Schätzung um mindestens 200 Bände gehandelt haben. Den größten Teil hat Schmidt rasch wieder verkauft, verschenkt, weggetauscht oder womöglich auch weggeworfen; immerhin finden sich in Schmidts Nachlaßbibliothek noch dreißig Bücher, die in den Nachkriegsjahren bis 1955 im Rowohlt-Verlag erschienen sind.[1] Obwohl sich das Rowohlt-Programm damals durch die starke Präsenz amerikanischer Autoren auszeichnete, sind unter diesen dreißig Büchern lediglich zwei, die der amerikanischen Literatur zuzurechnen sind, und dabei handelt es sich keineswegs um Bände moderner Klassiker wie Hemingway oder Faulkner, sondern um zwei Produkte der eher seichten Unterhaltungsliteratur: um den Auswahlband *Rette sich, wer kann!* des Zeichners und Humoristen James Thurber[2] sowie Betty Mac Donalds

---

1 Vgl. Friedhelm Rathjen, „Feiste Schurken. Arno Schmidt als Rowohlt-Leser 1947-55“, in Frank Legl (Hg.), *Zettelkasten 25. Aufsätze und Arbeiten zum Werk Arno Schmidts. Jahrbuch der Gesellschaft der Arno-Schmidt-Leser 2006* (Wiesenbach: Bangert & Metzler 2007), S. 175-196, sowie Friedhelm Rathjen, „Grimme Plage. Eine erste Übersicht über die von Arno Schmidt rezipierten Rowohlt-Bücher 1947-55“, ebd., S. 197-251.

2 James Thurber, *Rette sich, wer kann! Eine Auswahl. Geschichten, Glossen, Einfälle und Zeichnungen* (Hamburg: Rowohlt 1948). Vgl. Dieter Gätjens, *Die Bibliothek Arno Schmidts. Ein kommentiertes*

autobiographisch-humoristischen Roman *Das Ei und Ich*[3]. Was hat Schmidt an diesen Büchern interessiert, und welche Folgen hatte das Interesse womöglich für sein eigenes Werk?

1. Bild seiner Zeit: James Thurber

Schmidt schätzte Thurber vor allem als Zeichner. Als er zu Weihnachten 1954 von Rowohlt ein Bändchen mit Thurber-Zeichnungen erhielt, war er sehr begeistert, wie seine Frau im Tagebuch festgehalten hat:

> Als Weihnachts= u. Neujahrsglückwunsch v. Rowohlt ›an die Freunde seines Verlages‹ (Aufl. 1.700) ein nettes Büchelchen: James Thurber Gezeichnete Parodien zu Balladen von Fr. Schiller, Henry Wadsworth Longfellow, Sir W. Scott u. Alfred Lord Tennyson.‹ Wir sehns uns dann, als A. ausgebutzt hat, an. sehr lustig u. A. lacht hellauf, besonders bei Scotts Lochinvar wo der eine d. Sippe sich verkehrt aufs Roß setzt. Übrigens hat A. gleich, als er die Titelzeichnung sah: ›Das ist doch Thurber‹ gesagt.[4]

Bei James Thurbers Band *Rette sich, wer kann!* stehen hingegen die Texte im Vordergrund, und bei diesen Texten handelt es sich – natürlich – nach Schmidtschem Standard um ausgesprochen leichte Kost, aber vielleicht war gerade in dieser Lebenssituation Literatur der spritzi-

---

Verzeichnis seiner Bücher (Zürich: Haffmans 1991), neue Ausgabe, durchgesehen und erweitert von Günter Jürgensmeier (Bargfeld: Arno Schmidt Stiftung, 2003, im Internet: www.arno-schmidt-stiftung.de/Archiv/Bibliotheksverzeichnis.html), Nr. 598.

3 Betty Mac Donald: *Das Ei und Ich*, Roman, üb. v. Renate Hertenstein, rororo 25 (Hamburg: Rowohlt 1951). Vgl. Gätjens / Jürgensmeier, *Die Bibliothek Arno Schmidts*, a.a.O., Nr. 557.

4 Alice Schmidt, *Tagebuch aus dem Jahr 1954*, hg. v. Susanne Fischer (Frankfurt a.M.: Suhrkamp 2004), S. 264 (24.12.54).

geren Art ja auch durchaus das, was Schmidt zur Belebung des eigenen Schreibens brauchte. Es fällt nicht schwer, den Schritt von den noch sehr ernsthaften und ‚schweren' Erzählhaltungen der drei Erzählungen aus dem *Leviathan* zur gewitzten Leichtfüßigkeit, die Schmidt in *Brand's Haide* der desolaten Welt abtrotzt, auf die Lektüre von unterhaltsamen Büchern wie denen Thorne Smiths oder eben James Thurbers zurückzuführen.

Nur einmal in seinem Werk geht Schmidt explizit auf Thurber ein, dies aber immerhin in einem Kardinaltext, nämlich den „Berechnungen II" von 1955. Im Paragraphen 5 befaßt sich Schmidt mit „Versuche[n] zur formalen Bewältigung wenigstens des untersten Typs" des Gedankenspiels und stellt leicht bedauernd fest:

> von Lucian »Das Schiff oder die Wünsche« bis zu James Thurbers »Walter Mittys Geheimleben« führt eine leider nur horizontale Linie. Beide behandeln zudem, wie gesagt, nur die künstlerisch unergiebigen Mikrotypen, und auch diese noch völlig einseitig nach der um eine entscheidende Spur zu flachen Formel des si j'étais Roi.[5]

„Walter Mittys Geheimleben" ist eine der Erzählungen aus dem genannten Thurber-Band; der Titel- ist ein Pantoffelheld, der auf ziemlich schusselige Weise Auto fährt und dabei ständig von seiner Frau schikaniert wird, dessen Gedanken dabei aber unentwegt abschweifen: Mitty stellt sich vor, er säße am Steuerknüppel eines Düsenflugzeugs und vollführe raffinierteste Flugmanöver. Der formale Clou der Erzählung ist, daß der Übergang von der einen in die andere Realitätsebene nicht eigens benannt wird und sich einigermaßen unverhofft von

---

[5] Arno Schmidt, „Berechnungen II", in Bargfelder Ausgabe, Bd. III/3 (Zürich: Haffmans 1995), S. 275-284, hier S. 278.

einem Satz zum anderen vollzieht. Da vernimmt Mitty – um nur ein Beispiel zu nennen – das „Ratatata der Maschinengewehre“, spürt sogleich „einen Schlag gegen die Schulter“[6] und merkt (wie auch der Leser) erst mit Verzögerung, daß dieser Schlag nicht von einer Kriegswaffe, sondern von seiner entnervten (und sehr realen) Frau herrührt. Wer Schmidts spätere eigene Experimente der Versuchsreihe ‚Längeres Gedankenspiel‘ kennt, weiß, daß dem Meister die mangelnde formale Kennzeichnung der beiden Realitätsebenen bei Thurber nicht behagt haben wird; lernen konnte er von Thurber aber immerhin, wie wirkungsvoll sich Signalwörter einsetzen lassen, die in beiden Realitätsebenen verankert sind und so den Übergang von der einen in die andere initiieren können.

In der 1953 entstandenen Urfassung der „Berechnungen“ findet sich der Hinweis auf Thurber noch nicht, dafür aber eine andere Stelle, die mit Thurber zu tun haben könnte: „So habe ich mir etwa, gewitzigt durch vielfältige historische Studien und Arbeiten, vorgesetzt, unter anderem auch ein Bild meiner Zeit zu entwerfen: wie es sich *mir* darstellt; selbstverständlich!“[7] Die (von Schmidt spätestens 1952[8] floskelhaft und entsprechend

---

6 James Thurber, „Walter Mittys Geheimleben“, in ders., *Rette sich, wer kann!*, a.a.O., S. 30-37, hier S. 36.

7 Arno Schmidt, „Berechnungen“, in Bargfelder Ausgabe, Bd. III/3, a.a.O., S. 101-106, hier S. 104.

8 Arno Schmidt zu Martin Walser am 18. August 1952, zitiert nach dem Tagebuch von Alice Schmidt, „‚Soviel Geld? Dann schule ich um auf Hörspiel!‘“, in *Frankfurter Allgemeine Zeitung*, Nr. 294, 26.10. 2002, S. 37: „Ja, ich will ja auch ein Bild meiner Zeit geben, und dazu gehören, ebenso wie die Schlager, diese Aussprüche, die damals 1000de dachten.“ Vgl. auch Arno Schmidt, „So fing es an“, in Arno Schmidt, *Fragmente. Prosa, Dialoge, Essays, Autobiografisches*, Bargfelder Ausgabe, Supplemente, Bd. 1 (Frankfurt a.M.: Suhrkamp 2003), S. 167-177, hier S. 174: „ein möglichst getreues Bild seiner Zeit hinterlassen“; dieses Textfragment entstand am 3.9.57.

häufig verwendete) Formulierung von dem „Bild meiner Zeit“ geht womöglich zurück auf einen Passus in Thurbers leicht schalkisch grundiertem Vorwort zu seiner Sammlung. Betreffs eines bestimmten Schriftstellertypus (sogenannte „Humoristen“, die in Wahrheit eher Melancholiker ohne Welterfahrung seien) behauptet Thurber:

> Für einen solchen Menschen ist es schwer, sich nach dem zu richten, was Ford Madox Ford in seinen Memoiren die einzige Berechtigung genannt hat, seine Lebenserinnerungen zu schreiben: ein Bild von seiner Zeit zu malen.[9]

Der Witz an dieser Formulierung ist, daß Thurber sie einem Buch voranstellt, das schon für das blößeste aller Augen von weitem als ganz und gar nicht autobiographisch erkennbar ist: das zitierte Ford-Wort wird in einen gröblichen Fake-Zusammenhang gestellt. Arno Schmidt hält das freilich keineswegs davon ab, sich freigiebig zu bedienen – nicht nur an der zitierten Stelle der Ur-„Berechnungen“, sondern sogar in einem Text, in dem es ihm mit offensichtlichem Ernst um die Textgattung der Autobiographie als solche geht. In dem kurzen Essay „Gesicht im Spiegel“ formuliert Schmidt 1955:

> Dies also ist der eigentliche Sinn einer »Selbstbiographie« (und sollte vom Dichter nie aus dem Auge gelassen werden!): daß er uns am Beispiel seines Lebens das Bild seiner Epoche suggeriert; daß wir nach der Lektüre also um die bleibende Erinnerung eines Daseins reicher sind.[10]

---

[9] James Thurber, „Vorwort zu einem Leben“, in ders., *Rette sich, wer kann!*, a.a.O., S. 7-10, hier S. 9.

[10] Arno Schmidt, „Gesicht im Spiegel“, in Bargfelder Ausgabe, Bd. III/3, a.a.O., S. 207-209, hier S. 208.

Seltsam, aber wahr: Schmidt hat es geschafft, aus den von Thurber aus Ulkerei zitierten Formulierungen eine ebenso gußeiserne wie inbrünstige Maxime zu schmieden. Was ist da passiert? Hat Schmidt vergessen, auf welchem Wege die Formulierung ihren Weg in den Hallraum seines Sentenzenvorrats gefunden hat? Fast ist es zu vermuten.[11]

2. Das ist das Leben: Betty Mac Donald

Gerade angesichts der Tatsache, daß Schmidt viele seiner Rowohlt-Bände aus der Zeit um 1950 wegwarf oder verschenkte, ist es einigermaßen erstaunlich, daß sich Betty Mac Donalds Bestseller *Das Ei und Ich* noch in der Nachlaßbibliothek findet. Das Buch, das die Gattungsbezeichnung „Roman“ nur sehr eingeschränkt verdient, kam im Original 1945 als *The Egg and I* heraus; auf deutsch erschien es zunächst 1947 im Alpha Verlag, Bern, im Folgejahr in diversen Buchclubs und im März 1951 dann als rororo-Taschenbuch Nr. 25. Dies ist die Ausgabe, die Schmidt besaß; wenn er sie, wie zu vermuten, gleich nach Erscheinen vom Verlag zugeschickt bekam, könnte er sie kurz vor der Niederschrift von „Schwarze Spiegel“ gelesen haben.

In der Tat scheint der Versuch, *Das Ei und Ich* mit einem Schmidtschen Text zu verkuppeln, anhand von

---

[11] In einem weiteren Text des Thurber-Bändchens könnte Schmidt über eine Redensart gestolpert sein, die er späterhin in *Zettel's Traum* verwendet. Vgl. James Thurber, „Ein Paar Bouletten”, in ders., *Rette sich, wer kann!*, a.a.O., S. 63-68, hier S. 67: „Big bad wolf, big bad wolf – fünf vor fünf – dumdidudidum-m-m“; Arno Schmidt, *Zettel's Traum* (Stuttgart: Goverts Krüger Stahlberg 1970), S. 176 f.: „Who's afraid of the big bed vulv?“ – Im Inhaltsverzeichnis von Heft 3/1956 des *Reader's Digest*, das in Schmidts Nachlaßbibliothek vorhanden ist, findet sich u.a. ein Beitrag Thurbers angekreuzt: „The Night the Ghost Got in“ (S. 139-143).

„Schwarze Spiegel“ noch am ehesten Erfolg zu versprechen, und nicht nur, weil bei Mac Donald einmal „Makkaroni mit Käse“[12] erwähnt wird, bekanntermaßen eines von Arno Schmidts Leibgerichten, das entsprechend auch in seinem Weltuntergangstext zu Ehren kommt: Lisa wünscht sich zum Mittagessen „Makkaroni mit Käse; dazu grüne Erbsen. Einen Mordsbraten; Tomatenmarksoße. – Und zwei Spiegeleier drauf!“[13] Ausgerechnet die Eier, die es bei Betty Mac Donald im Überfluß gibt, sind das einzige, was der Schmidtsche Held Lisa nicht bieten kann.

Es fiele nicht schwer, Mac Donalds Buch auf eine Weise zusammenzufassen, daß es sich nach einer idealen Vorlage für Schmidts einsiedlerische Phantasie „Schwarze Spiegel“ anhört. Die junge Heldin und Ich-Erzählerin zieht, frisch vermählt, mit ihrem Mann aus der Großstadt in die Wildnis, um dort eine neue Existenz aufzubauen. (Die Großstadt ist Seattle, die Wildnis die Olympic Peninsula im Nordwesten der USA: wir befinden uns also nicht weit von jenem Portland/Oregon, wo die Schmidtianer tagen, wenn sie international tagen.) Konkret geht es um die Errichtung einer Hühnerfarm, doch das ist eher von nebensächlichem Belang; wichtiger ist, daß mit vielen Details das Sich-Einrichten mitten in Wald und Flur geschildert wird: Renovierung und Ausbau von Wohnhaus und Nebengebäuden; Anlegung von Feldern und Garten; Haus- und Vorratswirtschaft; außerdem einige glimpfliche Begegnungen mit Bären, Pumas, Stinktieren und notfalls auch mit menschlichen Nachbarn, die zum Glück etliche Kilometer entfernt wohnen. Diese Nachbarn sind einerseits Farmer, die als derb-vulgäre Trampel und Dumm-

---

[12] Mac Donald, *Das Ei und Ich*, a.a.O., S. 81.

[13] Arno Schmidt, „Schwarze Spiegel“, in Bargfelder Ausgabe, Bd. I/1 (Zürich: Haffmans 1987), S. 199-260, hier S. 248.

köpfe geschildert werden, zum anderen Indianer, die sich vor allem durch Trunksucht und das habituelle Verprügeln ihrer Ehefrauen hervortun. (Daß in dem Buch neben Hiawatha und Sitting Bull auch Pocahontas zweimal Erwähnung findet[14], mag Schmidt erfreut haben, hat aber weiter keinerlei tiefergehende Bedeutung, abgesehen vielleicht davon, daß Pocahontas hier als Synonym von Indianerinnen schlechthin verwendet wird.)

Wie gesagt: die Begleitumstände und namentlich die kleinkrämerische Katalogisierung der Siedelei in der Wildnis hätten (sozusagen als zeitgenössischere Alternative zum Waldexperiment Henry David Thoreaus[15]) durchaus befruchtend auf die Schmidtsche Darstellung wirken können – hätte Mac Donald ihren Text nicht gar so seicht und locker-flockig erzählt. Der „Roman“ hat keine durchgängige Handlung, sondern reiht innerhalb des gesetzten Rahmens (‚meine Zeit als Hühnerfarmerin‘) eine zerplauderte Anekdote an die andere. Wohltuend ist vielleicht, daß die Erzählerin nicht romantisiert, sondern vor allem den Horror hervorkehrt, der für sie mit dem frühen Tagesbeginn (man steht um vier auf und frühstückt um fünf), mit dem Dauerregen (Wäsche hängt monatelang an der Leine und trocknet doch nicht), mit den diversen Alltagskatastrophen und dem Mangel an Gesellschaft verbunden ist. Auch diese Horroraspekte werden allerdings mit dem, was allgemein Galgenhumor heißt, verniedlicht

---

[14] Vgl. Mac Donald, *Das Ei und Ich*, a.a.O., S. 10 u. 66.

[15] Vgl. dazu Friedhelm Rathjen, „Schwarze Spiegel oder Leben in Wäldern. Henry David Thoreau und Arno Schmidt“, in Rudi Schweikert (Hg.), *Zettelkasten 19. Aufsätze und Arbeiten zum Werk Arno Schmidts. Jahrbuch der Gesellschaft der Arno-Schmidt-Leser 2000* (Wiesenbach: Bangert & Metzler 2000), S. 131-182; Nachdruck in Friedhelm Rathjen, *Westwärts. Arno Schmidt und die amerikanische Literatur* (Scheeßel: Edition ReJoyce 2007), S. 57-92.

und in einen Erzählton à la Astrid Lindgren überführt. Das gilt auch für jene Passagen, in denen schwärmerische Einsamkeitssehnsucht und Leiden an der real existierenden Einsamkeit miteinander kontrastiert werden:

> In großartiger Selbsterkenntnis hatte ich mir stets eingeredet, zu den außergewöhnlichen Persönlichkeiten zu gehören, die sich selbst genügen und die, gelingt es ihnen, irgendwo an einem stillen Plätzchen den gierigen Klauen der Zivilisation mit ihren Telephonen, elektrischen Neuerungen und künstlichen Vergnügungen, sowie den Menschen zu entfliehen – vor allem den Menschen –, ein Leben voll innerer Zufriedenheit und Glückseligkeit führen. Solange diese Erkenntnis keiner Prüfung standhalten mußte, bewährte sie sich ausgezeichnet. Doch nach neunmonatigem Aufenthalt in der anregenden Gesellschaft von Bäumen, Bergen, dem Regen und Herd hätte mich die Ankündigung des Besuchs eines mongoloiden Idioten in helles Entzücken versetzt.[16]

Dieser abschließende Satz drückt prinzipiell nichts anderes aus als der aus „Schwarze Spiegel", „man hätte nach 8 Jahren" in der Einsamkeit „wohl Helena in jedem Weibe gesehen"[17], und auch die Wertung kurioser Lebensgewohnheit einiger Nachbarn als „Beweis, wozu Einsamkeit die Menschen treiben kann"[18], läßt sich mit bestimmten unterschwelligen Selbsterkenntnissen von Schmidts letztem Menschen wohl durchaus vereinbaren. Ganz gewiß hatte Schmidt, als er den Text „Schwarze Spiegel" schrieb, die Phase der ungebrochenen Einsamkeitssehnsucht, die sich nicht zuletzt aus der Lektüre solcher

---

[16] Mac Donald, *Das Ei und Ich*, a.a.O., S. 61 f.
[17] Schmidt, „Schwarze Spiegel", a.a.O., S. 257.
[18] Mac Donald, *Das Ei und Ich*, a.a.O., S. 172.

Bücher wie dem *Robinson Crusoe*, der *Insel Felsenburg* und den Cooperschen *Lederstrumpf*-Romanen speiste, schon so weit überwunden, daß er Traum und Realität hinreichend unterscheiden konnte; die späteren Seitenhiebe (vor allem in der *Gelehrtenrepublik*) auf Einsiedelei als Pose naturschwärmerischer Künstler lassen an Deutlichkeit ja kaum zu wünschen übrig. Nur ist ein so läppisch-leichtes Buch wie *Das Ei und Ich* wohl kaum als Mitauslöser oder auch nur Verstärker dieser Entwicklung vorstellbar.

Insofern überrascht es dann auch nicht, daß sich ungeachtet der pauschalen Parallelen überhaupt keine konkreten Berührungspunkte der beiden Texte auffinden lassen. Schmidt hat von den vielen Textdetails, die sich ihm zur Übernahme anboten, nichts genutzt: keine Einzelheiten praktischer Waldwohnkunst, keinerlei konkrete Hinweise auf Fauna und Flora, auch keine lexikalischen Versatzstücke und Formulierungstrümmer. „Tischlern und Traktorenführen hätte ich lernen müssen, nicht Ballett!“[19]: dieser Stoßseufzer aus *Das Ei und Ich* ist gewiß überbewertet, wenn man ihn als Anreger eines ähnlichen Stoßseufzers bei Schmidt („*Wehe dem Manne*, der nicht wenigstens 10 Mal in seinem Leben bereut hat, daß er kein Tischler wurde!“[20]) sehen will. Am ehesten noch ließe sich eine Schmidtsche Formulierung vorbereitet finden in einem Passus, der die elegischen Gefühle der Erzählerin vor Einbruch des Winters mitteilt:

> Eines Nachts lag ich neben Bob im Bett und beobachtete den Vollmond, der hinter den dunklen Bergkuppen aufstieg – noch vor Morgengrauen wird es Frost geben –, lauschte auf Bobs tiefe und so friedliche Atemzüge

---

[19] Ebd., S. 30.

[20] Schmidt, „Schwarze Spiegel“, a.a.O., S. 217.

> und das gelegentliche Knistern des Herdes, der seine Nachtfüllung an Baumrinde verzehrte, überhörte das zaghafte Nagen einer Maus und dachte: „Das ist das Leben!“[21]

Als der Erzähler der „Schwarzen Spiegel“ das Totengerippe des Autors Schmidt auffindet, taucht ebenfalls „ein zersprungener winziger Herd“[22] im Text auf, und die resümierende Schlußformulierung lautet: „Das ist also das Leben.“[23]

Das Leben: das finden wir bei Betty Mac Donald nur in einer arg verflachten Version. Zwei Stellen aus Schmidts späterem Werk müssen wir dennoch nennen, wenn es darum geht, mögliche Kleinstspuren des eierigen Werks aufzufinden. In *Kaff auch Mare Crisium* gibt es eine Passage des Mondhandlungsstrangs, in der auf den Ausruf „Keine Eier?!“ binnen weniger Zeilen der Name Betty folgt[24], so daß man eine Anspielung auf Betty Mac Donald und ihr Eierbuch zumindest für möglich halten darf. Und dann taucht in „Schwänze“ jener Stammhalter auf, auf den die Floskel „Das ist das Leben“ wahrhaftig nicht mehr passen will: „das wasserhelle Fläschchen [...]; darin der Embryo; stolz: »Mein Sohn!«“[25] Zum ländlichen Personal Betty Mac Donalds, das jedem neuen Bekannten sogleich Einzelheiten über eigene Leisten- oder Eierstockoperationen kundtut, gehört auch ein Mädchen, das zur Begrüßung das Sprüchlein herunterrasselt: „Ich-hatte-siamesische-Zwillinge-die waren-am-Brustbein-zusammengewachsen-und-jetzt-liegen-sie-in-Spiritus-und-werden-in-

---

21 Mac Donald, *Das Ei und Ich*, a.a.O., S. 38 f.

22 Schmidt, „Schwarze Spiegel“, a.a.O., S. 218.

23 Ebd., S. 219.

24 Arno Schmidt, *Kaff auch Mare Crisium*, in Bargfelder Ausgabe, Bd. I/3 (Zürich: Haffmans 1987), S. 7-277, hier S. 53.

25 Arno Schmidt, „Schwänze“, ebd., S. 313-333, hier S. 326.

New-York-ausgestellt."[26] Der Erzählerin fällt als Kommentar nur ein: „Wie nett"; dieses ist am Ende dann auch der hinreichende Kommentar zu Betty Mac Donalds sogenanntem Roman. Und dennoch: aus irgendeinem Grunde hat Schmidt dieses Buch nie weggegeben. Oder hat er etwa nur niemanden gefunden, dem er es hätte andrehen mögen?

---

[26] Mac Donald, *Das Ei und Ich*, a.a.O., S. 141.

Fouqués Flaschenpost in die Südsee
Eine Miszelle aus der Welt des Übersetzens

Um Plagiatsfragen braucht sich ein Übersetzer ja eigentlich nicht zu scheren: seines Amtes ist es, einen quellsprachlichen Text in einen zielsprachlichen zu verwandeln, und zwar so getreu wie möglich. Wenn der quellsprachliche Text selbst schon irgendeine Fremdquelle ausschöpft, ändert das an dem Übersetzungsprozedere überhaupt nichts. Etwas anders freilich liegt der Fall, wenn der Übersetzer ganz nebenbei noch einen editorischen Apparat zu erstellen hat; dafür sind Hintergrundrecherchen naturgemäß unerläßlich. So hatte ich denn ein Problem, nämlich bei der Arbeit an Robert Louis Stevensons Erzählung „Der Flaschenkobold" für den Band *Der befremdliche Fall von Dr. Jekyll & Mr. Hyde*. Stevenson hat seiner Erzählung nämlich einen „Hinweis" vorgeschaltet, dessen erster Satz so lautet:

> Jeder Kenner jener höchst unliterarischen Hervorbringung, des englischen Theaters zu Beginn des [neunzehnten] Jahrhunderts, wird hier Titel und Grundidee eines Stückes wiedererkennen, das einst durch den berühmt-berüchtigten O. Smith zu einiger Beliebtheit gebracht wurde.[1]

Wer um alles in der Welt war „O. Smith"? Otto Schmidt, anglisiert? Autor? Theatermann? Von wem stammte das Stück, das Stevenson meinte? Hier mußte Aufklärung her.

---

[1] Robert Louis Stevenson. „Der Flaschenkobold", in ders., *Der befremdliche Fall von Dr. Jekyll & Mr. Hyde und andere meisterliche Teufelsgeschichten*, aus dem Englischen neu übersetzt und mit Anmerkungen versehen von Friedhelm Rathjen (Zürich: Haffmans 1998), S. 234-278. hier S. 234 (und zwar fälschlicherweise ohne die beiden ersten Kommata).

Glücklich fügte es sich, daß Stevensons „Flaschenkobold“ (in früheren Übersetzungen meist „Flaschenteufelchen“ geheißen) größtenteils auf Hawaii spielt und ich deshalb Veranlassung sah, den ex-Hawaiianer Thomas Ringmayr nach ein paar Details zu fragen. Ringmayr machte mich darauf aufmerksam, daß der Stoff der Erzählung ganz offensichtlich auf Fouqués „Geschichte vom Galgenmännlein“ (1810) zurückgeht. Der Griff nach Fouqués *Romantischen Erzählungen* brachte mir Bestätigung. Gerhard Schulz spricht im Nachwort von Fouqués Einfluß „auf Keats, Walter Scott, Edgar Allan Poe und Robert Louis Stevenson“[2] und nennt in der Bibliographie zwei Titel, die diesen Sachverhalt feststellen.[3] In seinem Kommentar ist er allerdings vorsichtiger: „Möglich ist [...] der Einfluß auf Robert Louis Stevensons *Das Flaschenteufelchen (The Bottle Imp)*, das zuerst 1892 veröffentlicht wurde.“[4] Diese Vorsicht ist berechtigt, denn weder war Fouqué englischer Theaterautor noch benutzte er das Pseudonym „O. Smith“. Es mußte Zwischenträger geben.

Tatsächlich hat Fouqués Erzählung eine erhebliche fortzeugende Wirkung entfaltet. Schulz erwähnt E. T. A. Hoffmanns „Geschichte vom verlornen Spiegelbilde“ (1814) sowie den Wiener Theaterdichter Ferdinand Rosenau, der das „Galgenmännlein“ 1817 unter dem Titel *Vizlipuzli* dramatisiert hat.[5] Arno Schmidt spielt mög-

---

2 Gerhard Schulz, „Nachwort: Fouqué als Erzähler“, in Friedrich de la Motte Fouqué, *Romantische Erzählungen* (München: Winkler 1977), S. 493-515, hier S. 514.

3 Albert Ludwig, „Dahn, Fouqué, Stevenson“, in *Euphorion* 17 (1910), S. 606-624. – I. Sells, „Stevenson and La Motte Fouqué: ‘The Bottle Imp’“, in *Revue de littérarure comparée* 28 (1954), S. 334-343.

4 Gerhard Schulz, „Kommentar“, in Fouqué, *Romantische Erzählungen*, a. a. O., S. 471-487, hier S. 471 f.

5 Vgl. ebd.

licherweise im „Pharos“ auf diesen Stoff an („Dank, mein großer weißer Vitzliputzli; schönen Dank, Du – Teufel!! –“[6]), doch meine Hoffnung, der große Spezialist sowohl für Fouqué als auch für Plagiatsfragen werde diesen Fall lösen können, war vergebens. In *Fouqué und einige seiner Zeitgenossen* identifiziert Schmidt beim „schnellfingrige[n] Zschokke“ (zu dem Thomas Ringmayr wiederum einiges zu sagen wüßte) eine Verwurstung des „Galgenmännleins“[7], ein Vorwurf, den er in „Die Meisterdiebe“ wiederholt[8]. Außerdem erfahren wir recht pauschal, das „Galgenmännlein“ sei „eine wichtige Stufe in der Reihe der Geschichten vom ‚Flaschenteufelchen‘“[9] – dies ist noch die größte Näherung an einen Konnex Fouqué-Stevenson, die sich in Schmidts Werk findet. Dabei muß Schmidt Stevensons Geschichte wohl gekannt haben: in der „Tina“ heißt es beziehungsreich: „In der Tausendstundenuhr ringelreihten frohlockend die glitzernden Flaschenteufelchen.“[10]

Nun denn: von Schmidt schnöde im Stich gelassen, mußte ich notgedrungen andere Fährten verfolgen. In einem älteren Stevenson-Sammelband fand ich den seltsamen Hinweis: „Die Anregung zu dieser Erzählung empfing Stevenson aus einem Dramentext von Fitzball, den er von der Schwiegertochter des Dichters Percy

---

6 Arno Schmidt, „Pharos oder von der Macht der Dichter“, in Bargfelder Ausgabe, Bd. 1/4 (Zürich: Haffmans 1988), S. 609-632, hier S. 629.

7 Arno Schmidt, *Fouqué und einige seiner Zeitgenossen. Biographischer Versuch*, Bargfelder Ausgabe, Bd. III/1 (Zürich: Haffmans 1993), S. 197.

8 Arno Schmidt, „Die Meisterdiebe. Von Sinn und Wert des Plagiats“, in Bargfelder Ausgabe, Bd. II/1 (Zürich: Haffmans 1990). S. 333-357, hier S. 349.

9 Schmidt, *Fouqué und einige seiner Zeitgenossen*, a. a. O., S. 296.

10 Arno Schmidt, „Tina oder über die Unsterblichkeit“, in Bargfelder Ausgabe, Bd. I/2 (Zürich: Haffmans 1986), S. 165-187, hier S. 179.

Shelley erhalten hatte. In Honolulu änderte er die Geschichte entsprechend den Anschauungen der Südseeinsulaner."[11] Damit war ich nun endlich beim englischen Theater in der ersten Hälfte des 19. Jahrhunderts angelangt, einer – da hatte Stevenson schon recht – äußerst dubiosen „Hervorbringung", die deswegen auch bibliographisch keineswegs ordentlich aufgearbeitet ist. Der Mann mir dem putzigen Pseudonym Eduard Fitzball hieß eigentlich Edward Ball, lebte von 1793 bis 1873 und verfertigte neben Romanen, Lyrikbänden und einer Autobiographie mindestens 150 Theaterstücke vornehmlich der effekthascherischen Machart, so etwa eine Fassung des *Fliegenden Holländers*, die vor allem durch pyrotechnische Exzesse Riesenerfolg hatte. Eine Massenproduktion, wie Fitzball sie betrieb, war natürlich nur erreichbar, indem er ebenso eilfertig wie rücksichtslos andere Autoren beklaute – besonders an französischen Theaterautoren hat er sich entsprechend vergangen. Es scheint daher folgerichtig, daß er auch Rosenaus „Vizlipuzli" geklaut haben könnte; die Plagiats- und Bearbeitungsreihe hieße dann Fouqué – Rosenau – Fitzball – Stevenson. Sollte es so gewesen sein?

Dieses Zwischenresultat meiner Recherche hatte bloß einen Schönheitsfehler: es war nirgends eine Spur von „O. Smith" auszumachen. Aufklärung brachte am Ende dann erst ein Hinweis auf die Monographie *The Prose Writings of Robert Louis Stevenson* von Roger G. Swearingen, der darin ein Melodram namens *The Bottle Imp* nachweist, geschrieben von einem glücklich vergessenen Richard Brinsley Peake und uraufgeführt 1828 in der Englischen Oper. Einer der Hauptdarsteller in der Uraufführung war

---

[11] [Richard Mummendey], „Bibliographische Erläuterungen", in Robert Louis Stevenson, *Erzählungen*, üb. v. Richard Mummendey (München: Winkler 1960), S. 1097-1100, hier S. 1099 f.

ein gewisser Richard John Smith, dem eine frühere Rolle den Spitznamen „Obi Smith" eingetragen hatte.[12] Berühmt-berüchtigt, soso... Für meine Stevenson-Übersetzung war damit alles geklärt: „O. Smith" war in der Tat maskulin (hätte ja auch z.B. eine Schauspielerin sein können), und im Anmerkungsapparat gab's ein Dutzend Zeilen mehr. Für den detektivischen Aufklärer literarischer Meisterdieberei allerdings ist der Fall noch keineswegs restlos geklärt. Wir hätten folgende „Reihe der Geschichten vom ‚Flaschenteufelchen'":

- Fouqué, „Geschichte vom Galgenmännlein" (1810)
- Zschokke, *Hermingarde* (ursprünglich *Der Feuergeist*, 1813)
- Hoffmann, „Geschichte vom verlornen Spiegelbilde" (1814)
- Rosenau, *Vizlipuzli* (1817)
- Fitzball, ???
- Peake, *The Bottle Imp* (1828)
- Stevenson, „The Bottle Imp" (1891)

Gewiß ist, daß Hoffmann, Rosenau und Zschokke direkt auf Fouqué zurückgehen; gewiß ist auch die Abhängigkeit Stevensons von Peake. Was aber ist dazwischen passiert? Ist Fitzball der Zwischenträger, der die Lücke zwischen Fouqué und/oder Rosenau und Peake überbrückt? Oder steht Fitzball womöglich doch noch zwischen Peake und Stevenson? Noch ist die Sachlage nicht so kompliziert, daß sie sich nicht gegebenenfalls noch weiter verkomplizieren ließe. Zum Beispiel dadurch, daß – eine der Katzen kommt nun aus dem Sack – Peake *The Bottle Imp* mit Fitzball zusammen geschrieben hat, diese beiden Posten unserer Abstimmungsliste können wir also zu „Fitzball &

---

[12] Vgl. Roger G. Swearingen, *The Prose Writings of Robert Louis Stevenson* (London: Macmillan 1980), S. 144.

Peake, *The Bottle Imp* (1828)“ vereinen. Gewiß scheint mir zudem eins, nämlich, daß es eine ununterbrochene Linie von Fouqué zu Stevenson gegeben haben muß. Zwar gibt es auch anderswo in der literarischen wie auch der Volksüberlieferung allerlei Flaschengeister, so etwa bekanntermaßen in den *Erzählungen aus tausendundeiner Nacht*, die Stevenson gut gekannt und breit rezipiert hat, doch sowohl bei Fouqué als auch bei Stevenson finden sich in der Gestaltung des Stoffes drei signifikante Elemente, deren Übereinstimmung kein Zufall sein kann:

- Die Flasche mir dem Galgenmännlein / Geist / Kobold, die den Besitzer, falls er stirbt, dem Teufel überantwortet, kann nur gegen Münze und zu einem Preis weiterverkauft werden, der unter dem Erwerbspreis liegt.
- Gegen Ende beider Erzählungen erfährt der jeweilige Held, daß in einem anderen Land / Hoheitsgebiet Münzen von abweichendem Wert in Umlauf sind, wodurch sich ein neuer Spielraum für den Weiterverkauf eröffnet.
- Schließlich wird die Flasche von einem verruchten Burschen erworben, dem die Aussicht, dem Teufel zu verfallen, nichts ausmacht, da er sich die Hölle ohnehin schon verdient hat.

Soweit die Übereinstimmungen. Wie das Ganze dann erzählt wird, ist allerdings höchst unterschiedlich – aber das versteht sich wohl von selbst. Wenn Flaschenpost von einem Ufer zum anderen treibt, ist das in gewisser Hinsicht ja immer ein Vorgang des Übersetzens. Der Baron de la Motte Fouqué ist nicht mehr der selbe, als er schließlich in der Südsee ankommt; ein Missionar auf Samoa übersetzte Stevensons Text ins Idiom des Landes, und so lebt Fouqués Galgenmännlein unter dem Titel „O le Fangu Aitu“ fort. Daß zu jener Zeit, als Stevenson auf

Samoa seine letzten Lebensjahre verbrachte, dort ausgerechnet preußische Kanonenboote kreuzten, darf aber nicht als Versuch gewertet werden, den Fouqué-Stoff heim ins Reich zu holen.

*

Erst lange nach Abschluß meiner Übersetzung samt Kommentar fand ich den Beleg, daß Schmidt in der Tat um den Konnex Fouqué-Stevenson gewußt hat. Seine Frau Alice notiert in ihrem Tagebuch unter dem 2. Februar 1945: „Dieser Tage kam ein Brief aus Cambridge von einem Dr. Regensburger. [...] Ob es A. bekannt sei, daß Stevensons The bottle of mist [sic] nach F's Galgenmännlein sei. [...] Zweifellos nett gemeint, aber A. bereits bekannt."[13] Von den Zwischenstationen scheint allerdings auch Schmidt nichts gewußt und wenig geahnt zu haben.

---

[13] Alice Schmidt, *Tagebuch aus dem Jahr 1954*, hg. v. Susanne Fischer (Frankfurt a.M.: Suhrkamp 2004), S. 27 (2.2.54).

Ich reise nicht mehr gern
Arno Schmidts ausgefallene Reise auf die dänische Insel Fanø

Am 11. Oktober 2014 frühmorgens gegen zwei verläßt ein Kutter den Hafen von Tönning und sucht sich seinen Weg in die Nordsee hinaus. Am Steuer steht Kapitän Adam Eden Tukker; an Bord sind illustre Passagiere, nämlich die amerikanische Außenministerin Nicole Kennan und ihr chinesischer Amtskollege Yuan Schi Kai samt jeweiligem Gefolge, außerdem als Ausflugsleiter der Senator und Friedensrichter William T. Kolderup, seine Enkelin Suse, deren Freund Fritz Dümpfelleu und die Freundin ‚Nipperchen'. Am frühen Nachmittag erreicht die Gesellschaft das Ziel ihrer Reise, Sønderho an der Südspitze der Insel Fanø, wo die beiden Politiker in Kolderups Familienstammhaus einen Friedensvertrag aushandeln und eine Bestandsgarantie für das ‚Eiderreservat' in Dithmarschen abgeben, an dessen Spitze Kolderup steht. Am frühen Morgen des 12. Oktober fährt die ganze Gesellschaft nach Tönning zurück.

All das ist in der Realität nicht an den genannten Tagen geschehen; es geschieht in dem Roman *Die Schule der Atheisten*, von Arno Schmidt 1971 nach langjährigen Vorbereitungen geschrieben und im Jahr darauf veröffentlicht. Hauptschauplatz des Buches ist Tellingstedt in Dithmarschen, ein eigentlich recht unspektakulärer Ort, in dem Schmidt vom 4. auf den 5. Juni 1963 im Rahmen einer Reise übernachtet hat, die einem ganz anderen Schreibprojekt gilt – Schmidt recherchiert für einen Essay über Gustav Frenssen, der unweit von Tellingstedt in Barlt gelebt hat[1].

---

[1] Zur Entstehung der *Schule der Atheisten* einschließlich der vorbereitenden Reisen und der sukzessive zum Romanprojekt gerinnen-

Spätestens Ende desselben Jahres keimt die Idee zum hier anzusiedelnden Roman, zu dessen Vorbereitung Schmidt noch zwei weitere Reisen nach Schleswig-Holstein unternimmt. Am 12. und 13. August 1964 recherchiert und fotografiert er in Husum und Friedrichstadt und auf der Insel Nordstrand (Tellingstedt wird auf dieser Reise ausgespart); am 23. und 24. Juni 1969, zwei Monate nach Wiederaufnahme der durch das Großbuch *Zettel's Traum* unterbrochenen Arbeiten an der *Schule der Atheisten*, ist er erneut in Tellingstedt, übernachtet hier auch und schießt allerlei Fotos, von denen ein Teil unter nicht mehr restlos aufzuklärenden Umständen verlorengeht. Bei allen drei Reisen wird Schmidt von seiner Frau begleitet, und da er selbst nicht motorisiert ist, läßt er sich chauffieren, nämlich von seinem Freund Willhelm Michels, dessen Frau ebenfalls mit von der Partie ist.

Mit den drei Reisen hat Schmidt den Hauptschauplatz seines Schreibprojekts ausführlich erkundet, aber nicht die Örtlichkeiten, die mit der dänischen Herkunft der Hauptfigur Kolderup und der Kutterfahrt zu dessen Haus auf Fanø verknüpft sind; wenn Schmidt sein Ethos als Schilderer realer Topographien ernstnimmt, muß eigentlich noch eine Reise nach Dänemark folgen. Leider überwirft sich Schmidt im Juni 1970 endgültig mit seinem Freund Michels, dessen Fahrdienste fortan nicht mehr zur Verfügung stehen; es bleibt nur noch die beschwerliche Möglichkeit einer Reise mit öffentlichen Verkehrsmitteln, und trotz seiner penetranten und vielfach dokumentierten

---

den unterschiedlichen Interessensfelder Schmidts vgl. Friedhelm Rathjen, „The Making of ‚Schule der Atheisten'. Der lange Anlauf auf den Oktober 2014", in *Bargfelder Bote*, Lfg. 383-384 / Oktober 2014, S. 3-26; zur ersten Tellingstedt-Reise ebd., S. 5 f.; erweiterter Nachdruck in Friedhelm Rathjen, *Zettelwirtschaft. Studien zu Genese und Rezeption des Spätwerks von Arno Schmidt* (Südwesthörn: Edition ReJoyce 2016), S. 49-88, hier speziell S. 59 f.

Reiseunlust erwägt Schmidt diese Möglichkeit tatsächlich. Am 21. August 1970, dem 33. Hochzeitstag des Paares, studiert Schmidt mit seiner Frau Prospekt- und Kartenmaterial für eine erwogene Reise nach Ribe, Esbjerg und zur Insel Fanø im Westen Dänemarks.[2] Eine dänische Generalstabskarte hat sich Schmidt schon 1959 von Michels aus dessen Urlaub mitbringen lassen[3]; außer diesem Kartenwerk sind in Schmidts Nachlaß Prospekte und kleine Landkarten von Ribe, Fanø und Esbjerg vorhanden, die er seiner Frau wohl an diesem Tag präsentiert[4]. Auf einem der Prospekte streicht Schmidt sich Fähr-, Bus- und Unterkunftsmöglichkeiten an, darunter den Gasthof Sønderho Kro auf Fanø. Teile der Papiere zerschneidet er zur Verzettelung; so stammt die in die *Schule der Atheisten* eingeklebte Zeichnung eines Nachtwächters[5] offensichtlich aus einem Ribe-Prospekt, da im Hintergrund das Restaurant Weis Stue zu erkennen ist, bei dem noch im realen 2014 die touristischen Nachtwächtertouren der Stadt beginnen.

Noch Anfang Oktober 1970 kauft Alice Schmidt sich für die geplanten Recherchen in Dänemark neue Schuhe; die Reisepläne werden dennoch nicht verwirklicht. Schmidt schreibt die auf Fanø spielenden Szenen seines

---

[2] Vgl. Friedhelm Rathjen, *Arno Schmidt auf Fanø. Der Schulausflug der Atheisten* (Scheeßel: Edition ReJoyce 2005), S. 61-65. (Nach Auskünften Susanne Fischers aus den Tagebüchern von Alice Schmidt.)

[3] Vgl. Arno Schmidt, *Der Briefwechsel mit Wilhelm Michels*, hg. v. Bernd Rauschenbach (Zürich: Haffmans 1987), S. 125 (Briefe Nr. 138 u. 139 v. 25./27. Juli 1959) und 319 (Tagebucheintrag Arno Schmidts v. 13.8.59).

[4] Faksimiles (teils mit Schmidts Anstreichungen) in Rathjen, *Arno Schmidt auf Fanø*, a.a.O., S. 61-65.

[5] Vgl. Arno Schmidt, *Die Schule der Atheisten. Novellen=Comödie in 6 Aufzügen*, Bargfelder Ausgabe, Bd. IV/2 (Zürich: Haffmans 1994), S. 272.

Romans schließlich ganz gegen seine Gewohnheit ohne vorherige Ortsbesichtigung, und zwar vor allem auf der Basis des vom Seefahrtsmuseum Esbjerg 1970 herausgegebenen Hefts *Fanø, Manø und Rømø – Inseln im Watt* von Horst Meesenburg, das er sich im Sommer oder Herbst des Jahres besorgt.[6] Für die auf Fanø spielenden Passagen der *Schule der Atheisten* orientiert Schmidt sich (nicht immer sachgerecht) an Meesenburgs Darstellung, übernimmt daraus auch einige Details[7], scheut sich allerdings nicht, die von Meesenburg geschilderte auf Fanø übliche Zubereitung von Schaffleisch nach Dithmarschen zu verpflanzen[8]. Solche Hemdsärmeligkeit, was Fragen der Authentizität betrifft, hat in der *Schule der Atheisten* durchaus Methode, denn dem ganzen Roman ist ein unübersehbarer, in weiten Teilen planmäßig angelegter Fake-Charakter unterlegt; Stefan Voigt, der diesen Aspekt besonders ausführlich herausgearbeitet hat, spricht von „simulierten Kulturattraktionen" und einem „inszenierte[n] Inselaufenthalt"[9].

---

6 Vgl. H[orst] Meesenburg, *Fanø, Manø und Rømø – Inseln im Watt* (Esbjerg: BYGD o.J. [1970]); komplettes Faksimile in Rathjen, *Arno Schmidt auf Fanø*, a.a.O., S. 131-162.

7 Vgl. Schmidt, *Die Schule der Atheisten*, a.a.O., S. 23: „›Schafe rücken‹ [...] = ›weiter pflöcken‹; (und ewenn'tuell tränkn: KinderArbeiten)"; S. 178: „Schollen: leichtgesalzn=windgetrokknit, waren sie das NormalFrühstück der AltEingesessnen, ›Bakskuld‹. – (?): ganzrecht: ne Variante von ›StockFisch‹. Er wurde auf die heißn OfnRinge gelegt, bis er warm= &=weich war. Dann schnitt man ihn, (mit einer großn Scheere übrijns!), in Streifn; und zog das Fleisch von den Gräten".

8 Vgl. ebd., S. 21: „natürlich streng=national! ›SchafsFleisch‹, ›sauer‹ eingemacht, in großen Kruken, oben eine Schicht Talg gegossen." – Vgl. den Detailabgleich von Schmidts Text mit Meesenburgs Broschüre in Rathjen, *Arno Schmidt auf Fanø*, a.a.O., S. 71-118.

9 Stefan Voigt, *In der Auflösung begriffen. Erkenntnismodelle in Arno Schmidts Spätwerk* (Bielefeld: Aisthesis 1999), S. 225.

Im folgenden soll die Recherchereise, die Schmidt sich und seiner Frau am Ende versagte, nachgeholt werden, um zu schauen, was sich von dem, was Schmidt seinem Dialogroman einbeschrieben hat, vor Ort wiederfinden läßt und was auch gerade nicht, wobei als dritte Folie die Materialien heranzuziehen sind, die Schmidt anstelle selbstrecherchierter Ortskenntnisse benutzte. Ich reise jene relevanten Orte ab, die Schmidt selbst nie sah, obwohl er sie für sein Buch verwertete, beginnend in Tönning und endend in Sønderho auf Fanø.[10]

Tönning

In seinem Essay „Dichter & ihre Gesellen: Jules Verne" von 1965, einem Resultat seiner ersten Tellingstedt-Reise, flunkert Schmidt:

> Aber voriges Jahr zum Beispiel, hat mich ein guter Bekannter im Auto mit nach Tönning genommen – ich reise nicht mehr gern; nur wenn es unbedingt sein muß, also dienstlich – und so machte ich denn auch hier die morose Bedingung, daß wir am 15. Juni, gegen Abend, dort einzutreffen hätten. Das geschah.[11]

Nein, das geschah nicht; 1964 war Schmidt mit Wilhelm Michels keineswegs an besagtem Datum an der Eider, und mit an Sicherheit grenzender Wahrscheinlichkeit war er auch nicht in Tönning, wo Paul und Jules Verne am 15. Juni 1881 von der Nordsee in den Eiderkanal einfuhren.

---

[10] Die nachfolgenden Teile basieren auf den entsprechenden Ortsartikeln in Friedhelm Rathjen, *Bargfeld und die Welt. Ein Arno-Schmidt-Bildatlas* (Scheeßel: Edition Rejoyce 2010); eine sehr viel ausführlichere Recherchedokumentation findet sich in meinem schon angeführten Buch *Arno Schmidt auf Fanø*.

[11] Arno Schmidt, „Dichter & ihre Gesellen: Jules Verne", in Bargfelder Ausgabe, Bd. III/4 (Zürich: Haffmans 1995), S. 413-425, hier S. 423.

Diese Verbindung zwischen Nord- und Ostsee existiert nicht mehr, seit 1895 der Nord-Ostsee-Kanal eröffnet wurde.

In der vielfach an Jules Vernes *Schule der Robinsons* angelehnten *Schule der Atheisten* ist in Tönning das „Gouvernement“[12] oder „Government“[13], die „Verwaltung“[14] oder auch „Regierung“[15] des Eider-Reservats; hier – knapp außerhalb Dithmarschens – befinden sich „Gericht“[16] und „GerichtsGefängnis“[17], aber naturgemäß nur in Schmidts Buch. In der Realität kann man immerhin den „klein'=volln Hafn von Tönning“[18] finden, von dem aus das Personal der *Schule* nach Fanø schippert; der Hafen ist freilich nicht mehr gar so voll, seit 1973 an der Eidermündung das Eidersperrwerk fertiggestellt wurde, das Tönning vom direkten Meereszugang abschneidet – der Hafen ist jetzt nicht mehr schleusenlos zu erreichen, eine Entwicklung, die Schmidt nicht vorausgesehen hat, obwohl dies ohne prophetische Gaben möglich gewesen wäre, denn der Bau begann bereits 1967.

Spezifische Beschreibungen Tönnings finden sich in Schmidts Roman nicht, was kaum verwundern kann angesichts der Tatsache, daß der Autor auf dem Weg von Heide nach Friedrichstadt und Husum der damaligen Verkehrsführung gemäß einen Bogen um Tönning gemacht hat. Das einzige im Text genannte Spezifikum ist „d's Tönninger Lyceum“[19], dies aber wiederum eine freie Erfindung Schmidts, denn es gibt in Tönning kein

---

[12] Schmidt, *Die Schule der Atheisten*, a.a.O., S. 9, 144.
[13] Ebd., S. 15, 17, 50, 156, 235, 275.
[14] Ebd., S. 16.
[15] Ebd., S. 34.
[16] Ebd., S. 119.
[17] Ebd., S. 127.
[18] Ebd., S. 160; vgl. auch ebd., S. 235: „id kleinen Hafen von Tönning“.
[19] Ebd., S. 67.

Lyzeum und gab auch nie ein Gymnasium oder eine Oberschule. Möglicherweise verpflanzt Schmidt bewußt die Husumer Mädchenschule hierher, die 1914 in ein Lyzeum umgewandelt wurde und seit 1932 (unter Einschluß einer gymnasialen Oberstufe) „Theodor-Storm-Schule" heißt; Storm geistert untergründig immer wieder durch Schmidts *Schule der Atheisten*, und die Verlegung der Schule von Husum nach Tönning entspricht dem in diesem Roman durchgängig von Schmidt praktizierten Überblendungsprinzip.

Ribe

In der *Schule der Atheisten* werden als „›StammHäuser‹ der Kolderup's" die Orte „›Husum/Ribe/Fanø‹"[20] genannt; im „Comödienzettel" heißt es etwas abweichend, die „PatrizierFamilie" Kolderup sei „ansässig zu Ribe, Sönderho (Fanø), Tellingstedt"[21]; eine weitere Variante der Familiensitze schließlich lautet: „Ribe Esbjerg Sønderho und Telling=hier"[22]. Ribe ist bei diesen Aufzählungen stets dabei; wir erfahren, die Familie habe ein „große[s] Stadthaus in Ribe"[23] besessen, in dem sie (offenbar als Statussymbol) „'n ›ganzn PorzzlanLadn‹"[24] zu bieten hatte. Kolderup entsinnt sich manchen Details „aus Meiner Jugend; in Ribe"[25]. Der mehrmals betonte Zusammenhang zwischen Ribe und Sønderho auf Fanø ist historisch stimmig und korrekt; infolge der Fahrrinnen im Watt war

---

[20] Ebd., S. 70.

[21] Ebd., S. 9; diese drei Orte werden auch aufgezählt ebd., S. 169.

[22] Ebd., S. 14.

[23] Ebd., S. 59. Vgl. ebd., S. 152: „in Unserm StadtHaus, in Ribe, weiß'Du?"

[24] Ebd., S. 147. Vgl. ebd., S. 132: „jètz müßtn Wa das aus Ribe und Sönderho hierhabm!: Wir hattn n ganzes ›chinesisches Zimmer‹ in dem altn Hause!"

[25] Ebd., S. 272.

Sønderho zu einer Zeit, da der Transport zu Wasser gebräuchlicher und einfacher war als der über Land, wirtschaftlich und politisch enger mit Ribe assoziiert als mit dem Rest der Insel Fanø.

Über die gleichsam genealogischen Verweise hinaus taucht Ribe in Schmidts Text selten auf; unmittelbarer Handlungsort ist die älteste Stadt Dänemarks nie. Bei der Planung der Kutterfahrt nach Sønderho vergegenwärtigt Tukker sich die Navigation an Fanøs Südspitze: „müß mann=also, bei'n Einlaufn, die Türme von Ribe ne Daum'Breide rechts übern Bug ... dann'n RechtsHalbkreis südum ... [...] (leiser=wieder; dem ›Galgedyb‹ folgnd): »12 Fuß; – sich vertiefnd auf 16? – (Scheiß=Toldkontrolsted!) –«"[26] Das ist grob gesehen richtig, nur kann grobes Navigieren in den stark veränderlichen Fahrrinnen zwischen Fanø und Ribe kaum hinreichen – und Ribe verfügt zwar in der Tat über ein Zollamt (*Kongeligt Toldkammer*), ist aber seit 1920 keine Grenzstadt mehr und verfügt seither auch nicht mehr über eine Grenzkontrollstelle (*Toldkontrolsted*).

Unter dem in Schmidts Nachlaß befindlichen Prospektmaterial zur Vorbereitung der nicht realisierten Recherchereise nach Dänemark ist ein doppelseitiges Blatt (offenbar aus einem Jütland-Führer) mit landeskundlichen Angaben auf der einen und einem Foto aus dem Stadtzentrum Ribes auf der anderen Seite.[27] Im Zusammenhang mit der *Schule der Atheisten* ist außerdem von Belang, daß in Ribe der von der Insel Manø (auch Mandø) stammende Botaniker Johannes Eugenius Bülow Warming zur Schule gegangen ist, den Schmidt in seinem Buch erwähnt, aber zu „Warning"[28] verschreibt.

---

[26] Schmidt, *Die Schule der Atheisten*, a.a.O., S. 28, 177.
[27] Vgl. das Faksimile in Rathjen, *Arno Schmidt auf Fanø*, a.a.O., S. 61.
[28] Schmidt, *Die Schule der Atheisten*, a.a.O., S. 28, 177.

Esbjerg

Ebenfalls unter dem einschlägigen Prospektmaterial in Schmidts Nachlaß zu finden ist ein Faltblatt des Fremdenverkehrsamts Esbjerg aus dem Jahr 1970, auf dem Schmidt sich die Rubrik „Hotels in Esbjerg“ und den Hinweis auf die Fähre von Esbjerg nach Nordby auf der Insel Fanø angestrichen hat[29]; wäre Schmidt wie ursprünglich geplant tatsächlich auf die Insel gereist, so hätte er zwangsläufig diese Fähre nehmen müssen.

Im ersten Entwurf seines „Comödienzettels“ zur *Schule der Atheisten* führt Schmidt seinen Protagonisten Kolderup als „Sohn einer deutsch=dänischen Patrizierfamilie, ansässig zu Esbjerg, Ribe, Fanö, Tellingstedt“[30] ein; im endgültigen Text streicht er Esbjerg allerdings wieder aus der Liste – vielleicht ist ihm aufgegangen, daß Esbjerg erst 1868 gegründet wurde, um den im Deutsch-Dänischen Krieg 1864 verlorenen Hafen Husum zu ersetzen, und deswegen für eine Familie mit historischen Wurzeln unangemessen ist. In einer der Stammsitzlisten anderswo in der *Schule der Atheisten* ist allerdings weiterhin von „Ribe Esbjerg Sønderho und Telling=hier“[31] die Rede. Unpassend ist das auch, weil historisch der Ort Sønderho an der Südspitze der Insel Fanø zwar in der Tat mit dem auf gleicher Höhe liegenden Festlandstädtchen Ribe verbunden war, aber nie mit Esbjerg, das vielmehr seit dem späten 19. Jahrhundert die Festlandbindung von Nordby am Nordende Fanøs darstellte.

Im Text der *Schule der Atheisten* erinnert sich Kolderup einmal beim Auflegen einer Schallplatte, „wie=wo Er sie

---

[29] Vgl. das Faksimile in Rathjen, *Arno Schmidt auf Fanø*, S. 64 f.

[30] Arno Schmidt, „Die Schule der Atheisten. 1. Entwurf“, in ders., *Fragmente. Prosa, Dialoge, Essays, Autobiografisches* (Frankfurt a.M.: Suhrkamp 2003), S. 139-152, hier S. 140.

[31] Schmidt, *Die Schule der Atheisten*, S. 14.

gekauft hat!: das war in Esbjerg; circa ’66; an einem heiß=&=staubijn JuliMittag.: Vor der BuchHandlung eine längliche, (id Mitte unterteilte), HolzKiste –: li bank’rotte Taschnbücher, etc. / re, ›zu herabgesetztim Preis‹, die Platt’n“[32]. Da Schmidt nie in Esbjerg war, kann das keine biographische Reminiszenz sein. Die Romanfigur Tukker hingegen war „erss neulich in Esbjerg“[33] und weiß folglich um die lokalen Fahrrinnenverhältnisse: „Bis Esbjerg kommt man mi’’m Kutter kaum noch durch“[34]. In der Erzählgegenwart ist die Gegend menschenleer; nur in der Rückblende vermag Kolderup eine „3 Wochn alte Esbjerger Zeitung“ zu nehmen und darin zu lesen: „Have stænderne i Roeskilde truffet det rette?“[35] Eine Zeitungsschlagzeile kann das freilich weder 1969 noch 2014 sein; vielmehr handelt es sich um den Titel einer Schrift eines gewissen F. Julius (Pseudonym für P.G.H.L. Salicath) aus dem Jahre 1840 – eine von vielen falschen Fährten, die Schmidt in seinem Buch auslegt.

Nordby

Hätte Arno Schmidt 1970 seinen Plan umgesetzt, nach Fanø zu reisen, so wäre er nicht wie die Figuren der *Schule der Atheisten* per Kutter nach Sønderho an der Südspitze getuckert, sondern hätte wie gesagt von Esbjerg die Fähre nach Nordby am Nordende von Fanø nehmen müssen. Nordby selbst interessierte Schmidt freilich nicht, die Handlung der *Schule der Atheisten* konzentriert sich ganz auf Sønderho, das traditionell mit Nordby ein Verhältnis der rivalisierenden Ignoranz pflegte, wie Schmidt seiner wichtigsten Quelle entnehmen konnte, dem Heft

---

32 Ebd., S. 244.
33 Ebd., S. 159.
34 Ebd., S. 18.
35 Ebd., S. 172.

Fanø, Manø und Rømø von Horst Meesenburg. Historisch gab es schon deshalb wenig Austausch zwischen beiden Gemeinden, weil auf der Insel keine Wege existierten; Sønderho orientierte sich nach Ribe, Nordby seit dem späten 19. Jahrhundert nach Esbjerg, zuvor nach Varde und Hjerting. Insofern ist der einzige manifeste Bezug auf Nordby im Text von Schmidts Roman – „›kütern‹ kam Einer aus Nordby?“[36] – historisch grob unzutreffend, denn für die Hausschlachtung hatten die Bewohner Sønderhos eigene Schlachter, wie Schmidts Quellen eigens vermerken.

Ähnlich erstaunlich ist angesichts der lokalen Verhältnisse eine andere Bemerkung in Schmidts Text. Kolderup behauptet, Ende des 19. Jahrhunderts sei „viel Geld auf die Familje zugekommen; als das große Calais=Kabel über Kolderup'sche Grundstücke gelegt wurde!“[37] Schmidt hat den Hinweis auf das über die Insel verlegte Kabel offensichtlich in seinem Dänemark-Atlas gefunden. Allerdings hätte er auf dem entsprechenden Kartenblatt auch erkennen müssen, daß der Bau keineswegs einer einzelnen Familie hätte „viel Geld“ eintragen können, erst recht nicht, wenn diese Familie in Sønderho ansässig war. Das Kabel wurde nämlich über die Halbinsel Grønningen, die sich im 18. Jahrhundert an der Nordspitze Fanøs gebildet hatte, und über die Dünen nordwestlich von Rindby gelegt, somit über Flächen, die erstens gemeinwirtschaftlich genutzt wurden und zweitens zur Gemeinde Nordby gehörten.

Einige wenige topographische Bezeichnungen für Gebiete in der Nähe von Nordby tauchen in Schmidts Roman auf. „›Sören Jensens Sand‹?: iss schon Beß=tandTeil der

---

[36] Ebd., S. 205.
[37] Ebd., S. 26.

Insel“[38], vermeldet Tukker einmal; hier hat Schmidt eine Entwicklung, über die er bei Meesenburg lesen konnte, in die Zukunft hochgerechnet, dabei allerdings ungenau gelesen, denn die anwachsende Sandbank im Nordwesten Fanøs heißt korrekt „Søren Jessens Sand“. „›Skalling Ende‹“[39] schließlich meint die Festlandhalbinsel Skallingen, die sich Fanø von Norden entgegenstreckt, jenseits der Fahrrinne nach Esbjerg.

Sønderho

Der fünfte Aufzug der *Schule der Atheisten* spielt in Sønderho im Süden von Fanø. Hintergrund der Schauplatzwahl ist offenbar die lautliche Ähnlichkeit Fanøs mit Phina, einem Personen- und Inselnamen in Jules Vernes *Schule der Robinsons*; daß Schmidt auf solche Überblendungen baut, ergibt sich aus der Erwähnung von „Schloß Spøttrup [...] 15 Kilometer ONO“[40], denn diese Angabe ist keineswegs von Sønderho aus korrekt, sondern nur von Sønderskov auf der Insel Venø im Limfjord in Nordjütland. Schmidt baut in seinen Text gezielt Überblendungen, Fakes und Irrealitäten ein – Phina, Fanø und Venø ist am Ende alles eins, die Insel aller Inseln.

Da Schmidt sein ursprüngliches Vorhaben, den Schauplatz selbst in Augenschein zu nehmen, dann doch nicht realisierte, war es wohl kaum zu verhindern, daß sich in seiner Darstellung der örtlichen Verhältnisse neben absichtlichen Fakes (als Wohnhaus Kolderups in Sønderho etwa wird ein bekanntes Bauernhaus aus Neuenfelde bei Hamburg abgebildet) auch unbeabsichtigte Fehler und Verzerrungen finden, die dem Autor unterlaufen sind, obwohl er mit dem Heft Meesenburgs doch eine ausge-

[38] Ebd., S. 205.
[39] Ebd., S. 158.
[40] Ebd., S. 184.

zeichnete Lokalquelle zur Verfügung hatte. Dies gilt insbesondere für die Landungsverhältnisse von Booten in Sønderho. Schmidt beschreibt hier einen „kleinen hölzernen Anleger“[41], an den größere Boote allerdings nicht ganz herankommen, weswegen das Personal zur „50 m währendn ÜberFahrt“[42] von der Fahrrinne ans Ufer auf ein Ruderboot umsteigen muß; tatsächlich gab es an der Anlegestelle nur eine schmale, inzwischen komplett verlandete Zufahrt, die aber keineswegs fünfzig Meter vom Ufer entfernt war; der hölzerne Steg, der hier früher in der Tat einmal existierte, ist inzwischen ganz verschwunden.[43] Einen Hafen, den ein Kutter hätte ansteuern können, hatte Sønderho schon zu der Zeit nicht zu bieten, als Schmidt seinen Text schrieb, und womöglich wäre die Episode ungeschrieben geblieben, hätte Schmidt den Schauplatz tatsächlich inspizieren können. Den Weg zum romantischen Stelldichein Nipperchens und Cosmos „20 min (= 2 km) westlich v Sønderho“[44] gibt es zwar, er ist aber keineswegs so einsam, wie Schmidt ihn beschreibt, sondern auf ganzer Länge mit Ferienhäusern bebaut, und die im Text vorkommenden Wanderdünen gibt es hier schon gar nicht.

Aus Schmidts Beschreibung im Buch – erwähnt wird ein „umwohnter Platz mit Aussicht nach Westn“[45] – läßt sich schließen, daß er sich als Standort von Kolderups Haus auf der Basis eines bei Meesenburg zu findenden Ortsplans ein bestimmtes Gebäude ausmalte; zufällig handelt es sich um das Hotel und Restaurant Sønderho Kro. Den Kro hatte sich Schmidt, als er noch eine eigene

---

41 Ebd., S. 177.

42 Ebd., S. 217.

43 Zu den Details vgl. Rathjen, *Arno Schmidt auf Fanø*, a.a.O., S. 90-92.

44 Schmidt, *Die Schule der Atheisten*, a.a.O., S. 203.

45 Ebd., S. 178.

Reise nach Sønderho plante, im Unterkunftsverzeichnis angestrichen[46] – aber er blieb ja leider *doch* zu Haus. Die einzige Reise, zu der Schmidt sich in seinem letzten Lebensjahrzehnt noch aufraffen konnte, war die permanente Lesereise durch die Weltliteratur, aus der er sich exzerpierend, zitierend, montierend und auch fingierend zusehends seine eigenen Textwelten zusammenbastelte.

---

46 Vgl. das Faksimile in Rathjen, *Arno Schmidt auf Fanø*, a.a.O., S. 65.

Nachweise

„Zwischen Hoya und Utah“ wurde folgendem Band entnommen: Friedhelm Rathjen, *Textarbeit, Textvergnügen. Einzeltextstudien zu Arno Schmidt* (Scheeßel: Edition ReJoyce 2008). Erstdruck in dieser Form in Klaus Palandt und H. Joachim Kusserow (Hg.), *Heinrich Albert Oppermann. Unruhestifter und trotziger Demokrat* (Hannover: Postskriptum 1996); eine gekürzte Fassung erschien u.d.T. „Redlicher Trotz“ zuvor im *Bargfelder Boten*, Lfg. 200 (16. Juni 1995).

„Die großen Reisenden“ und „Rowohlts Beste?“ wurden folgendem Band entnommen: Friedhelm Rathjen, *Westwärts. Arno Schmidt und die amerikanische Literatur* (Scheeßel: Edition ReJoyce 2007). Erstdruck von „Die großen Reisenden“ im *Bargfelder Boten*, Lfg. 253-254 (Mai 2001); für den Wiederabdruck in *Westwärts* wurden einige Details aus dem Nachwort zum *Tagebuch der ersten Expedition zu den Quellen des Missouri, sodann über die Rocky Mountains zur Mündung des Columbia in den Pazifik und zurück, vollbracht in den Jahren 1804-1806* von Meriwether Lewis & William Clark (Frankfurt a.M.: Zweitausendeins 2003) eingefügt und seither gewonnene neue Erkenntnisse eingearbeitet. „Rowohlts Beste?“ wurde geschrieben für den Band *Inselwärts* unter Wiederverwertung zweier Abschnitte des Aufsatzes „Ein Bummel durch die Bibliothek“ aus dem *Bargfelder Boten*, Lfg. 255-256 (September 2001).

„Fouqués Flaschenpost in die Südsee“ wurde folgendem Band entnommen: Friedhelm Rathjen, *Bargfeld Transfer. Studien zu Arno Schmidt als Übersetzer und Transformator* (Scheeßel: Edition ReJoyce 2010). Erstdruck im *Bargfelder Boten*, Lfg. 242 (Juli 1999). Für den Wiederabdruck im Band *Bargfeld Transfer* geringfügig modifiziert.

„Ich reise nicht mehr gern“ wurde folgendem Band entnommen: Friedhelm Rathjen, *Texttrips. Unterwegs mit Arno Schmidt* (Südwesthörn: Edition ReJoyce 2017). Erstdruck in Jürgen Klein (Hg.), *Flandziu. Halbjahresblätter für Literatur der Moderne* N.F. Jg. 7 Heft 1 (Hamburg: Shoebox House 2015).

rejoyce pocket
Die Taschenbuchreihe in der Edition ReJoyce

Friedhelm Rathjen:
Poe Cooper Thoreau Twain
Drei Studien zu Arno Schmidt und der amerikanischen Literatur des 19. Jahrhunderts
ISBN 978-3-00-055813-9, 10,- €
Arno Schmidt hat gern und heftig gegen Amerika und die amerikanische Literatur polemisiert, doch zu seinen Lieblingsautoren zählte er seit frühen Jahren zwei Amerikaner, nämlich James Fenimore Cooper und Edgar Allan Poe, und Mark Twain, den er ebenfalls früh las, ließ er späterhin die Ehre zuteil werden, daß er ihn für den Vorspruch seines eigenen Romans *Kaff auch Mare Crisium* beklaute. Mit Schmidts Rezeption der drei genannten Autoren beschäftigen sich die Studien des vorliegenden Bandes; außerdem wird der sehr fruchtbare Versuch unternommen, das klassische Aussteigerbuch *Walden* von Henry David Thoreau parallel zu Schmidts Kurzroman „Schwarze Spiegel" zu lesen.

Friedhelm Rathjen:
Der koloniale Blick
Vier Studien zu Arno Schmidt im Spannungsfeld zwischen Seßhaftigkeit und Fremde
ISBN 978-3-947261-00-0, 10,- €
Der Erzähler von Arno Schmidts Robinsonade „Schwarze Spiegel" erklärt, ihn habe „das Leben aus einem Pedanten zum Vaganten gemacht; nicht ohne daß sichs manchmal noch wunderlich genug mischt." Dem entspricht in Schmidts Gesamtwerk ein durchgängiges Spannungsverhältnis zwischen Seßhaftigkeit und Fremde. Schmidts Figuren leiden an verlorener Heimat und suchen ein ihnen gemäßes neues Zuhause, doch gleichzeitig träumen sie von fernen und fremden Welten, die sie in ihrer Phantasie durchstreifen, bevorzugt unter Anleitung von Stoffen aus der Literatur. Wie sie mit den Klischees einer romantisierenden Exotik, aber auch mit rassistischen Versuchungen umgehen, arbeiten die Studien dieses Bandes heraus.

Friedhelm Rathjen:
Der vernetzte Text
Zehn Studien und Miszellen zum *Ulysses* von James Joyce
ISBN 978-3-947261-03-1, 10,- €
Der *Ulysses* von James Joyce gilt aus gutem Grund als größte literarische Leistung des 20. Jahrhunderts. Im Gefüge dieses Romans hängt prinzipiell alles mit allem zusammen, selbst die losen Enden sind mit Raffinesse komponiert und inszeniert. Die Beiträge des Bandes *Der vernetzte Text* gehen beispielhaft einigen ausgewählten Aspekten der Quervernetzung nach. In den Blick genommen werden: die Einführung einer neuen Erzähltechnik, nämlich des inneren Monologs; die Spuren des Eschenstocks von Stephen Dedalus; die Fingernägel von Leopold Bloom; die Tierwelt des Romans; Themen und Figuren der Literaturszene Dublins um 1904; schließlich die Odyssee-Analogien in der Bibliotheksepisode des *Ulysses*.

rejoyce pocket
Die Taschenbuchreihe in der Edition ReJoyce

Friedhelm Rathjen:
Blake Borrow O'Brien
Zwei Quellenstudien zu Arno Schmidts Erzählung „Die Wasserstraße“
ISBN ISBN 978-3-947261-06-2, 10,- €
Die ländlichen Erzählungen, die Arno Schmidt in der ersten Hälfte der 60er Jahre schrieb und in dem Band *Kühe in Halbtrauer* veröffentlichte, sind weit mehr als Handübungen für die sich anschließende Arbeit am Großwerk *Zettel's Traum*, dessen Techniken sie vorwegnehmen. Viele Leser schätzen diese kompakten, aber vielfach rätselhaften Erzählungen als geheimen Höhepunkt der Erzählkunst Arno Schmidts. Hier eignet er sich erstmals Elemente der Sprachkunst des späten Joyce an und unterfüttert sie mit Modellen der Psychoanalyse Freuds; hinzu kommen untergründige Strukturierungsweisen, die Schmidt dem von ihm als „Kirchenvater aller modernen Literatur“ ausgemachten Lewis Carroll abschaut. Zu welcher sprachlich-literarischen Virtuosität Schmidt durch diese Impulse gelangt, zeigt sich beispielhaft an der Erzählung „Die Wasserstraße“, einem Gang zu den Quellen nicht nur auf der Handlungsebene, sondern auch im Gewebe der Textur. In zwei Studien führt Friedhelm Rathjen vor, welche Einsichten ins Innenleben des Textes sich aus der Verfolgung nur scheinbar isolierter Zitatsplitter (hier speziell aus der englischsprachigen Literatur) ergeben.

Friedhelm Rathjen:
Nennt mich Ishmael
Sieben Aufsätze und Miszellen zu Leben und Werk von Herman Melville
ISBN 978-3-947261-10-9, 10,- €
Herman Melville, 1819 in eine großspurige Familie hineingeboren, die jedoch nach Bankrott und Tod des Vaters in nimmerendende Bedrängnis gerät, verbringt ab 1839 fünf Jahre auf See und in fernen Ländern. Mit gerade einmal 20 Jahren geht er auf seine erste Fahrt als Seemann, mit 22 auf die erste Walfangfahrt, die damit endet, daß er in der Südsee vor der Gewalt an Bord desertiert. Einige Wochen lebt er unter Eingeborenen, läßt sich dann erneut auf einem Walfänger anheuern, desertiert erneut, kehrt auf einem Schiff der Kriegsmarine nach Amerika zurück und heiratet in eine betuchte Familie ein. Melville ist 25 und hat in diesen fünf Jahren den gesamten Erfahrungsschatz angesammelt, den er fortan zu Literatur macht. Zunächst hat er Erfolg mit Büchern über seine Abenteuer, doch dann kommen dieser Karriere weitergehende Ambitionen ins Gehege – er will die Tragödienkunst Shakespeares und Goethes auf die Lebenswelt seiner Zeit übertragen. Diesen Anspruch löst er mit *Moby-Dick; oder: der Wal* ein, dem ersten genuin amerikanischen Meisterwerk der Literatur. Als solches ist es seiner Zeit allerdings so sehr voraus, daß die Publikation ihm einen Karriereknick beschert, von dem er sich nie erholt. – Der Band *Nennt mich Ishmael* versammelt Arbeiten zur Biographie, vor allem aber zum Werk Melvilles mit dem *Moby-Dick* im Zentrum. Friedhelm Rathjen betrachtet diesen Roman als vorweggenommenes Werk der literarischen Moderne, analysiert ihn als gebrochene Weltbewältigung im Sinne eines Joyce und eines Beckett und erläutert, warum er ihn auch als solche übersetzt hat.

rejoyce pocket
Die Taschenbuchreihe in der Edition ReJoyce

Friedhelm Rathjen:
Aus den Roßbreiten
Drei Studien zu Arno Schmidts Roman *Die Gelehrtenrepublik*
ISBN 978-3-947261-12-3, 10,- €
Im Sommer 1957 schrieb Arno Schmidt innerhalb von nur vierzehn Tagen den Kurzroman *Die Gelehrtenrepublik*, eine in die Zukunft projizierte Satire auf den Ost-West-Konflikt und gleichzeitig auf die Künstler- und Schriftstellerkolonie Darmstadt. Die halsbrecherisch schnelle Niederschrift, die sich in turbulenter Handlung und einem äußerst lebhaften Sprachgestus spiegelt, war Schmidt nur möglich, weil er sich Konzept und Details des Buches vorher schon präzis zurechtgelegt hatte, ausgehend von seinen Erlebnissen, Lektüren und Begegnungen in den Monaten zuvor. Eine besondere Rolle spielt dabei seine Arbeit als Übersetzer, die er ebenfalls satirisiert, indem er die *Gelehrtenrepublik* als angebliche Übersetzung eines amerikanischen Originaltextes in eine tote Sprache, das Deutsche, anlegt. In den drei Studien des Bandes *Aus den Roßbreiten* zeichnet Friedhelm Rathjen zunächst die Entstehung von Schmidts Roman minutiös nach („The Making of *Gelehrtenrepublik*“), bevor er über die Analyse der Art und Weise, wie Schmidt Impulse zweier von ihm übersetzter Bücher aufnimmt und variiert, zu einer Deutung des Romans gelangt, die die Frage des Menschseins in den Mittelpunkt stellt.

Friedhelm Rathjen:
Licht und Schatten
Fünf Studien zur literarischen Kunst des Übersetzens
ISBN ISBN 978-3-947261-16-1, 10,- €
Ist der Ruf erst ruiniert, braucht keine Rücksicht mehr genommen zu werden, und der Ruinierte kann befreit aufspielen. Oder übersetzen. Im vorliegenden Fall kleidet sich der Ruin in unterschiedliche Worthülsen. Die eine Variante, von der *Welt* in die Welt gesetzt, lautet: „Rathjen muss als Deutschlands sturster Übersetzer gelten.“ Die *Rheinische Post* vertritt die andere Variante, nämlich diejenige von „Friedhelm Rathjen, der zu den gestrengen Dienern fremder Sprachen zählt.“ Der gemeinsame Nenner beider Varianten, für viele durchaus abschreckend, läuft darauf hinaus, hier betreibe einer einen exzessiven Extremismus. Ob das wirklich so ist (und wenn ja: warum), mag man an den Aufsätzen des Bandes *Licht und Schatten* überprüfen, die sich mehrheitlich mit Extremfällen des Übersetzens beschäftigen. Rathjen legt hier anhand ausgewählter Beispiele aus der Weltliteratur seine Sicht auf Ziele, Chancen und Risiken literarischen Übersetzens dar. Im Zentrum stehen Texte von Mark Twain, James Joyce und Samuel Beckett; Abgrenzungen erfolgen gegenüber Konzepten von Ezra Pound und Arno Schmidt.